资助项目：

1. 教育部人文社会科学研究规划基金项目（16YJA630080）：组织宽容失败、心理安全与员工内创业意愿：基于人与情境交互的视角；
2. 北京联合大学“人才强校优选计划”项目（BPHR2018BS01）：事业合伙人激励模式影响企业内创业的路径与机制研究；
3. 北京联合大学学科、平台、团队一体化建设研究项目（XP202010）：数字技术驱动下的组织变革与企业创新成长研究。

组织宽容失败对员工心理安全及其内创业意愿的影响

——基于人与情境互动的视角

朱晓妹　著

中国经济出版社
CHINA ECONOMIC PUBLISHING HOUSE
北　京

图书在版编目（CIP）数据

组织宽容失败对员工心理安全及其内创业意愿的影响：基于人与情境互动的视角/朱晓妹著. --北京：中国经济出版社，2021.9

ISBN 978-7-5136-6617-6

Ⅰ.①组… Ⅱ.①朱… Ⅲ.①企业管理-研究 Ⅳ.①F272

中国版本图书馆 CIP 数据核字（2021）第 181647 号

组稿编辑 崔姜薇
责任编辑 黄傲寒
责任印制 马小宾
封面设计 任燕飞装帧设计工作室

出版发行 中国经济出版社
印 刷 者 北京九州迅驰传媒文化有限公司
经 销 者 各地新华书店
开　　本 710mm×1000mm 1/16
印　　张 13.75
字　　数 201 千字
版　　次 2021 年 9 月第 1 版
印　　次 2021 年 9 月第 1 次
定　　价 88.00 元
广告经营许可证 京西工商广字第 8179 号

中国经济出版社 **网址** www.economyph.com **社址** 北京市东城区安定门外大街 58 号 **邮编** 100011
本版图书如存在印装质量问题，请与本社销售中心联系调换（联系电话：010-57512564）

前言 PREFACE

近年来，“大智移云”等新兴技术的发展带来了生产、消费乃至就业领域的重大改变。例如，工业机器人正在逐步替代体力劳动者，无人工厂悄然兴起；大数据个性化推荐正在影响消费者的消费习惯和偏好。这些技术的广泛应用使得企业之间的竞争更加依赖创新。我国遭遇部分西方国家的技术封锁，一些技术和零部件生产依赖进口的企业面临挑战，暴露出国内企业在技术和产品等方面创新能力和动力不足的问题。因此，激发组织创新活力，吸引员工积极参与创新活动，为组织创造更高的价值，成为企业的重要任务。

为了提升组织活力、推动企业持续创新、留住关键人才，很多国内企业开展了公司内部创业（内创业）活动。在探索内创业的过程中，有些企业取得了成功，如海尔集团通过人单合一模式实现了企业平台化、员工创客化、用户个性化；芬尼克兹公司开创了独特的裂变式创业模式，先后创立8家公司，促进企业快速成长。但是，也有不少企业的内创业效果不彰，原因可能与组织无法处理好创业高风险特征与员工低风险偏好之间的矛盾、“以成败论英雄”的绩效考核机制以及“不求有功但求无过”的形式主义文化有关。因此，企业要在内部形成一种宽容员工失败和支持员工不断探索的文化，这样才能使组织不断进行创新，激发员工参与内创业活动的热情，推动企业内创业活动的开展。

目前，虽然宽容失败的观念深入人心，但宽容失败似乎依然停留在文件报告和会议发言中，组织实施起来比较困难，原因可能与宽容失败概念模糊、难以界定，缺少可操作性定义，缺少可衡量、可执行的标准与方法有关。国内外有关宽容失败的研究比较少见。如何界定宽容失败？宽容失败具体包括哪些内容？宽容失败是如何影响内创业的？其中的影响机制与作用路径是怎样的？这些关键的问题在现有文献中尚未有答案。本书阐释了宽容失败的内涵和结构，积极探索组织宽容失败与员工内创业意愿的关系和作用机制，旨在为组织内创业管理研究和人才激励研究提供理论借鉴，为政府与企业倡导宽容失败、推动内创业活动提供依据。

本书基于人与情境互动的视角，运用质性分析和实证分析相结合的方法进行研究。首先，本书从组织宽容失败的内涵分析入手，从营造宽容氛围、承担失败责任和失败反思学习三方面构建了组织宽容失败的结构模型；其次，本书研究了组织宽容失败、心理安全以及员工内创业意愿之间的关系模型，检验了组织宽容失败影响员工内创业意愿的过程机制以及创业赋能策略、包容型领导和员工主人翁意识、风险偏好在其中的调节作用；最后，本书提出组织倡导宽容失败文化的可行方法，以及推动内创业的建议和对策。

本书内容由九章构成。具体包括：①绪论；②文献综述；③组织宽容失败及其对内创业影响的多案例研究；④组织宽容失败的量表开发；⑤组织宽容失败对心理安全的影响研究；⑥心理安全影响员工内创业意愿的过程研究；⑦组织宽容失败对员工内创业意愿的影响机制研究；⑧建议与对策；⑨结论与展望。

目录

CONTENTS

PART 1

第一章

绪　论

1.1 研究背景

近年来，伴随大数据、人工智能、移动互联网和云计算等技术的发展，市场竞争日趋激烈，企业面临着生存与发展的诸多难题。首先，企业竞争优势的取得更加依赖创新，包括技术创新、产品创新、服务创新，以及商业模式创新等。然而，国内大多数企业在产品、技术、服务等方面的创新能力和动力不足。政府和企业都充分认识到创新的重要性、必要性和紧迫性。因此，激发组织创新活力，吸引员工积极参与创新活动、为组织创造更高的价值，成为企业的重要任务。其次，在互联网时代，信息越来越透明化，资源的流动也越来越自由，人才资源在企业间流动的障碍减少、成本降低，老板很难再依靠信息不对称来制约自己的员工，人才价值得到充分体现，也导致优秀人才的离职率居高不下。人才资源已经成为企业竞相争夺的稀缺资源。而且，有能力的员工一般不愿屈居人下、一直给老板打工，他们也想自己创业当老板，所以，如何留住能力卓越的优秀人才也是当前企业面临的重大问题。

内创业是指在企业内部进行的开发新技术或新产品、拓展新市场、提供新服务以及更新管理方式等创新活动。与外部创业活动相比，内创业者可以依赖组织所在行业的信息、技术和人脉资源，获得比较充足、稳定的资金投入，解决了创业者在外部创业中经常遭遇的资金瓶颈问题；组织的职能部门能够为内创业提供比较完备的财务、人力、管理等方面的服务，清除了创业者在外部创业过程中面临的各种管理障碍；内创业团队成员彼此熟悉，工作中配合默契，这解决了团队成员的磨合问题。内创业能够打破组织固有的结构和制度，激发企业的创新活力，激发员工的创业激情，为企业留住优秀人才，而且，相较于外部创业而言，内创业成功率更高。因此，为了寻求新的业务增长点、推动企业持续创新、留住优秀人才，越来越多的国内企业投入公司内创业的浪潮。

公司在探索内创业活动的过程中面临两个现实困境：一是创业高风险特征与员工低风险偏好的矛盾。经济学家丹尼尔·卡内曼指出，个体对预期风险持回避态度。因此，员工在进行内创业决策的过程中，会预先考虑内创业可能带来的收益和可能面临的风险。由于创业失败率比较高，员工害怕失败、担心遭受损失，往往不愿意参加内创业活动。二是组织中“以成败论英雄”的绩效考核机制与“不求有功但求无过”的形式主义文化蔓延。目前大多数组织都采用了以成果为导向的绩效考核机制，业绩突出的员工晋升加薪，业绩不良的员工薪酬下降，甚至被淘汰。内创业项目风险高、收益高、成功率低。员工参与内创业项目，失败的可能性比较大，论功行赏的话，员工收入也会受损失，因此，很多员工更愿意选择风险性比较低但收入稳定的工作。而且，在组织中，无论是创新还是创业，都具有探索和冒险的性质，有的时候做得越多，错得越多，遭受的批评或惩罚可能也越多，这导致组织中“不求有功但求无过”的形式主义文化蔓延，员工内创业积极性不高。上述两个现实困境打击了员工参与内创业活动的积极性。那么，应如何去破解困局呢？

要弘扬探索未知、追求真理的科学精神，就要营造宽容失败、鼓励创新的良好氛围，破除阻碍人才成长的各种障碍，充分激发人才的创新活力。2018 年出台的《国务院关于全面加强基础科学研究的若干意见》指出，要建立鼓励创新、宽容失败的容错机制，鼓励科研人员大胆探索、挑战未知。创新和创业充满未知风险，失败是常态，创新和创业成果的取得都是建立在无数次失败基础之上的。组织需要为创新与创业提供宽容失败的环境氛围和制度保障，这样才能激发员工不惧风险、不怕失败、敢为人先、克服困难、勇于创新的精神。因此，营造宽容失败的环境氛围是组织推动内创业的重要途径之一。

1.2 研究意义

1.2.1 理论意义

首先，本书阐释了组织情境中宽容失败的内涵，开发了组织宽容失败相关量表，构建了组织宽容失败结构模型，为宽容失败的相关研究提供了测量工具，也为组织宽容失败以及组织内创新与创业等方面的研究提供了理论依据。

其次，本书以组织宽容失败为切入点，从人与情境互动的视角探讨了员工内创业意愿的影响因素和形成过程，突破了以往从创业环境或创业者单一路径来研究内创业的局限性，为内创业研究提供了崭新视角。

再次，本书考察了组织宽容失败通过心理安全来影响员工内创业意愿的过程机制，分析了内创业过程中“风险”与“安全”之间的悖论与平衡，深化了宽容失败与内创业的相关研究，丰富了有关心理安全的前因和结果变量的研究。

最后，本书从组织、领导与员工三方面分析了组织宽容失败影响员工内创业意愿过程中的情境因素，系统性地阐述了组织创业赋能策略、包容型领导和员工风险偏好作为企业内创业促进因素的重要作用，拓展了宽容失败与内创业关系的边界条件。

1.2.2 实践价值

首先，本书帮助企业正确认识宽容失败，指导企业通过营造组织文化氛围和采取支持性管理措施等形成有效的容错机制，做到“宽容有度”，既能有效激发员工的创业激情，又能防止宽容泛滥。

其次，本书系统性地分析和阐述了心理安全、组织创业赋能策略、包容型领导等公司内创业“推手”的重要功能和作用，帮助企业建立组织宽容失败机制，解决当前企业创新与创业动力不足的问题，积极推动企业内创业活动的开展。

最后，本书探讨了内创业者与组织内创业环境的互动机制，突出了内创业者与内创业情境匹配的重要性，为组织制定合理的内创业计划，识别、甄选和培育潜在的内创业者提供了建设性意见。

1.3 研究思路

在建设创新型国家和创新驱动产业转型的背景下，组织宽容失败对员工内创业意愿的影响机制是当前内创业研究的一个前沿课题。本书的基本思路是立足我国鼓励创新和创业的时代背景，突破传统的关注创业成功而回避创业失败的研究的局限性，从人与情境互动的视角研究组织内创业环境通过心理安全来影响员工内创业意愿的过程机制。

具体来说，基于人与情境互动的视角，本书首先从组织宽容失败的内涵分析入手，从营造宽容氛围、承担失败责任和失败反思学习三方面构建组织宽容失败的结构模型；其次，本书研究了组织宽容失败、心理安全以及员工内创业意愿的关系模型，检验了组织宽容失败影响员工内创业意愿的过程机制，以及创业赋能策略、包容型领导、员工主人翁意识和风险偏好因素在其中的调节作用；最后，本书对组织推动内创业活动提出了建议。

1.4 研究内容

组织宽容失败是否能够提升员工的心理安全感，并增强员工的内创业意愿？这是一个待解答的问题。本书基于企业创新、创业内在动力不足的现实困境，在建设创新型国家的战略背景下，研究组织宽容失败对员工内创业意愿影响的深层作用机制，为组织推动内创业活动提供了建议。本书的总体逻辑框架如图 1-1 所示。

根据上述研究逻辑，本书内容由九章构成。

第一章是绪论。我们阐述了研究背景、研究意义、研究思路、研究内容、研究方法和技术路线等。

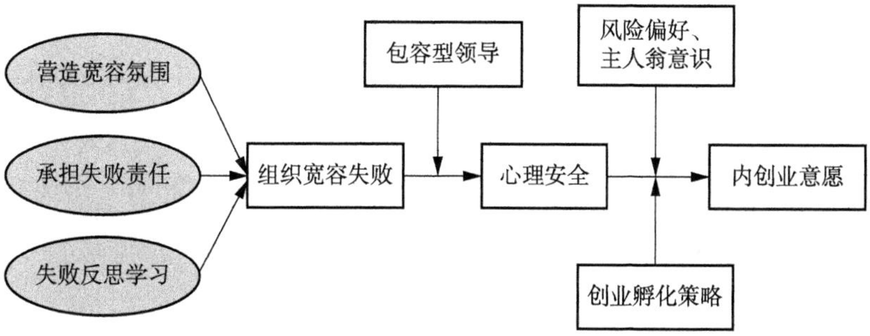

图 1-1　本书总体逻辑框架

第二章是文献综述。我们围绕宽容失败、心理安全、内创业等关键研究变量进行概念、测量、影响因素和影响效果等方面的文献梳理和述评，为后文的质性研究和实证研究奠定研究基础。

第三章是组织宽容失败及其对内创业影响的多案例研究。我们采用扎根理论和多案例研究方法对 8 家内创业企业的深度访谈资料进行编码分析，构建了组织宽容失败通过心理安全影响内创业的过程模型。

第四章是组织宽容失败的量表开发。我们在文献分析、深度访谈和专家评价的基础上，编制组织宽容失败调查问卷，通过 575 份有效问卷进行探索性因子分析、验证性因子分析以及信效度检验，得到由营造宽容氛围、承担失败责任和失败反思学习三个维度构成的组织宽容失败量表。

第五章是组织宽容失败对心理安全的影响研究。我们在回顾文献的基础上，通过对调查问卷的数据进行分析，检验了组织宽容失败对心理安全的影响，以及创业赋能策略与包容型领导在其中的调节作用。

第六章是心理安全影响员工内创业意愿的过程研究。我们基于文献分析提出研究假设，并通过对问卷数据的分析，检验了心理安全对员工内创业意愿的直接影响，以及组织认同的中介效应和主人翁意识的调节作用。

第七章是组织宽容失败对员工内创业意愿的影响机制研究。我们在回顾文献的基础上，提出研究假设，并通过对一手数据的分析，检验了组织宽容失败通过影响心理安全对员工内创业意愿产生影响的过程以及创业赋能策略和员工风险偏好在其中的调节作用，构建了组织宽容失败对员工内创业意愿的影响机制模型。

第八章是建议与对策。我们在质性分析和实证研究的基础上，提出从组织文化、组织制度、领导方式以及人才培养等方面入手，积极推进企业的内创业活动，帮助企业激发创新活力。

第九章是结论与展望。我们对本书内容进行概括和总结，阐述结论、创新点、应用价值以及不足与展望等。

1.5 研究方法和技术路线

1.5.1 研究方法

（1）文献研究法

我们基于组织行为学、创业管理学等相关理论，广泛查阅国内外有关宽容失败、心理安全和内创业的文献资料，系统性地梳理出当前的研究前沿和趋势，找到相关领域的研究缺口，为研究问题的提出以及理论模型的构建提供理论依据。

（2）扎根理论研究方法

我们实行程序规范的扎根理论研究步骤，深度访谈 8 家开展内创业活动的企业，收集一手访谈录音资料和二手文字资料，运用编码分析技术对资料进行反复归纳、分析，阐释概念、范畴及其逻辑关系，分析组织宽容失败对组织内创业的影响机制。

（3）多案例研究方法

相较于单案例研究，多案例研究更有助于得出普遍化结论。通过对企业案例资料的对比分析，本书回答了这些问题：“组织宽容失败的主要内容是什么?”“宽容失败是如何影响组织内创业活动的?”“组织的哪些策略会影响宽容失败对组织内创业的促进作用?”我们从多角度、多维度来提炼理论，提高案例研究的外部效度，使研究结论更具普适性且更加精练。

（4）访谈调查法

在 2017 年 4 月到 2019 年 11 月期间，我们对 8 家企业进行深度访谈调查，受访企业涉及互联网、传媒、教育等行业，这些企业正处在开展内创业活动的阶段，且内创业活动开展时间在 1 年以上。调查人员能够比较完整地追踪到组织开展内创业的过程和实施成效。我们共访谈 27 人次，其中，访谈企业创始人和高级管理者 14 人次，访谈项目负责人 13 人次，访谈平均用时 40 分钟，一般在 20~60 分钟，访谈总时长为 1011 分钟，访谈语音被整理成文字后总计 294464 字。

（5）问卷调查法

本次问卷调查是在管理咨询公司协助下完成的。我们按照如下原则筛选出 100 家企业：①企业已开展了内创业相关活动；②管理咨询公司调查员可以深入企业面对面发放调查问卷。

与此同时，5 位研究助理对负责发放问卷的调查员进行培训，使其充分理解量表题项的含义。为保证问卷调查质量，整个问卷发放过程中，每位研究助理随机选择了 5~8 家样本企业与调查员合作完成调研。

1.5.2 技术路线

本书的研究技术路线如图 1-2 所示。

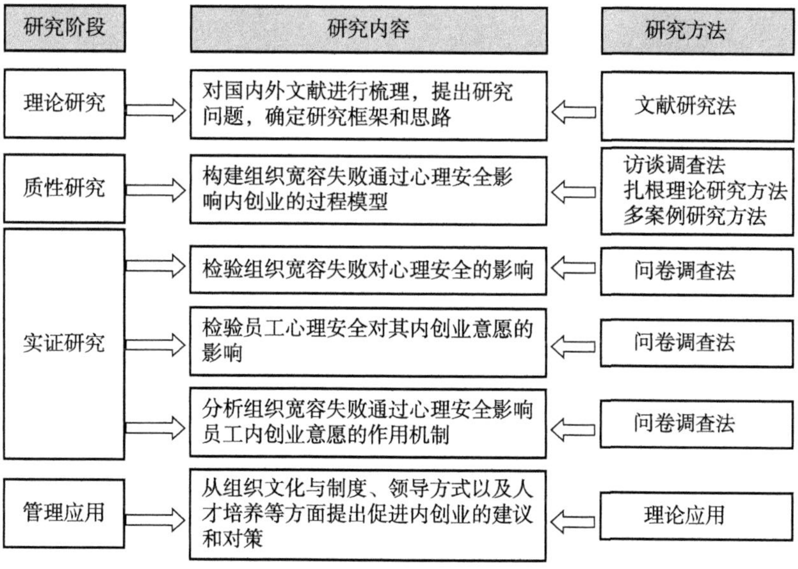

图 1-2 技术路线图

PART 2

第二章

文献综述

2.1 宽容失败

2.1.1 宽容的内涵

（1）中国传统文化中的宽容思想

中国传统文化中蕴含着丰富的有关宽容的思想。在儒家思想中，宽容是“仁”的具体内容和方法，是儒家倡导的为人处世之道，被认作应当终生坚守的道德准则。儒家的宽容主要体现在“容分恕异”“不计人过”“和而不同”等方面（史佩岚，2019）。子曰：“其恕乎！己所不欲，勿施于人。”儒家的宽容精神还体现在不记仇怨上，子曰“躬自厚而薄责于人”，即当自己与别人存在差异时，应该尊重差异，做到求同存异，要多从自身来找问题，而不是一味地计较别人的错误或失误。宽容是为了和气相待与和平、和睦共处。但是，宽容是有尺度、有原则的，过分的宽容就是纵容。子曰：“何以报德？以直报怨，以德报德。”真正的宽容是用公平、公正的态度去对待他人，而不是毫无底线地纵容。在道家思想中，宽容是建立在自然本性的基础之上的，是人之为人的至善德行。老子曰“知常容，容乃公”，即掌握了人之常理，才能包容一切、处事公正，乃至天下归心。庄子曰“常宽容于物，不削于人”，即提倡不争之德，主张以一种容忍之心对待万物。“兼爱”是墨家思想的核心，是其宽容思想的根基。只有“兼爱”才能转化人们的自私自利，让人从专爱己身转为无私地爱他人，爱人如爱己。有了兼爱之心，人自然也是宽容的。尽管各家各派对宽容的理解不尽相同，但其倡导的宽容本质上都是对人的尊严、权利和自由选择的尊重，这是个人和社会的共同价值诉求（钱锦昕 等，2014）。

（2）中国文化视角下宽容的定义

《汉语大字典》对“宽”的解释是：“宽厚，度量大”。《新华大字典》对“容”的解释是：“盛，包含，容纳”“对人度量大，宽大”。《辞源》对宽容的解释是：“宽厚能容人”。《辞海》对宽容的解释是：“宽恕，能容人”。《现代汉语词典》中“宽容”的定义是：“宽大有气量，不计较、不追究”。贺来（2001）提出，宽容是建立在对人与世界的差异性、真理的相对性与人性的多面性自觉意识基础上的理性和明智的思维方式、行为方式与人生态度，是一种美德和境界。这一概念突出了宽容的道德属性。当代心理学家林崇德（2003）指出，宽容指具有人道精神品质的人格特征，个体对与自己意见、观点相异或行为、习惯、利益相悖的他人持谅解、容忍或宽恕的态度。钱锦昕和余嘉元（2014）认为，宽容体现了宽容主体对他人的尊重，是对他人不同于自己的信念、理想、思维方式、行为的容忍。

（3）西方文化视角下宽容的定义

宽容（tolerance）一词的拉丁语词源 tolerantia，具有忍耐和容忍的意思。《大英百科全书》对宽容的解释是：“能够容许别人有行动和判断的自由，对不同于自己或传统的见解，具有耐心、公正的态度。”西方现代的宽容观念建立在个人的人格自由、平等基础上，每个人都有自由选择的权利，但是没有侵害他人自由的权利（罗尔斯，2001）。不容忍的态度是基于“我不会错”的心理，所以，容忍异己是非常难得的品质。

（4）组织情境下宽容的内涵

在中西方文化背景下，研究者对组织情境下的宽容研究不多，对团队和组织的宽容研究更少（Bosk，2003）。Fehr 和 Gelfan（2012）指出，宽容是一种组织文化，其核心价值是发展、和善与尊严。宽容氛围是指在组织中对员工工作中的差错和失败抱以同情并给予支持和期待的共享知觉，意味着组织对失败的个体持包容的态度。丁晓斌与李志刚（2016）提出，团队中的宽容氛围是成员对组织的一种感知，当成员在合作中出现不同见解或在任务执行过程中出现差错，领导者和团队成员会表达更多的善意和谅解，而不是一味地指责或抱怨当事人的错误，并把时间和精力更多用于从失败中吸取经验与教训。团队宽容氛围与团队心理安全感有相似之处。团队心理安全感没有特指某一类员工的安全感，团队宽容氛围主要关注员工的过错或失败，强调对员工表达善意（张志明 等，2020）。团队宽容氛围有利于改善团队成员的人际关系，使其更趋于友好与信任（张志明 等，2020）。在形成团队宽容氛围后，团队成员趋于保持积极、乐观的情绪，不再去抱怨或者指责当事人的错误（王重鸣 等，2015）。相对而言，宽容氛围较差的团队，其成员往往视失败为耻辱，在工作中不允许自己和他人犯错（丁晓斌 等，2016），一旦失败，员工更容易产生紧张、焦虑等负面情绪。

2.1.2 失败的内涵

（1）失败的概念

Cyber 和 March（1963）认为，决策者会根据期望对自己的决策表现出满意和不满意两种态度，其中不满意的态度就是因为组织绩效没有达到预期而出现的（胡洪浩 等，2011）。后来，学者们从三种不同的视角对失败进行界定：第一种是因果视角，认为失败是业务由于某种原因而被迫终止或停止（Bruno et al.，1992），失败的原因可能是触犯法律、资金不足、人员不足等（Politis et al.，2009）；第二种是企业视角，认为失败就是企业的倒闭或破产（Ucbasaran et al.，2010），即企业因为环境、政策、技术、管理等多种因素的影响而资不抵债，最终倒闭或破产；第三种是期望视角，认为失败是指偏离期望的一系列负面结果，这些结果可以是可避免的，也可以是不可避免的（Cannon et al.，2005）。后来，Shepherd 等人（2014）提出，失败是指一项行动的结果不符合预期，但如果人们对失败处理得好，则失败会给人们带来意想不到的收益。

学者根据失败的严重程度，将失败分为小失败和大失败，认为大失败有助于减少之后行动的失败率，而小失败有助于失败学习（Hayward，2002），有人认为大失败对人更有警醒作用，使他们吸取教训（Madsen et al. ,2002）。Edmonson（2014）把失败分为三大类型，包括可预测的运营环境中发生的可预防的失败、复杂性系统所致的不可避免的失败和在前沿领域探索过程中遭遇的“智慧型”失败。他认为，对于可预防的失败要追究责任，对于复杂性系统所致的失败要检视和改进，而对于“智慧型”失败则要大力鼓励。

综上所述，组织情境中的失败是指由于环境、管理和技术等造成结果偏离预期目标。失败不是只会给组织带来损失，失败后的反思与学习也会帮助人们吸取经验和教训，为后续的成功奠定基础。因此，组织对待失败的态度应是积极的和宽容的，但是也必须设定边界条件和容忍阈值。

（2）创业失败

创业活动充满风险性和不确定性，成功并非易事，失败在所难免。目前学界对创业失败概念的界定主要有两种：过程观把创业失败定义为创业者由于创业决策出现失误而没有得到预期结果的情形或事实，创业失败在所难免（Politis et al. , 2009）；而结果观把创业失败定义为创业者在实现其创业目标的过程中终止新创企业运营（McGrath，1999）或新创企业面临无法继续运营的状况（Shepherd et al. , 2009）。导致创业失败的因素很多，包括创业者自身因素、地理位置、企业融资、社会网络、劳动成本、生活方式等（林嵩，2016）。失败是一把“双刃剑”，既能为创业者提供宝贵的学习机会（Cope，2011），使其在挫折和磨砺中实现成长与蜕变，也可能引发创业者的羞愧、愤怒、悲伤等消极情绪，使其一蹶不振、止步不前（Ucbasaran et al. , 2013），甚至会引发创业者的恐惧和抑郁（郝喜玲等，2020）。在对创业失败复原的研究中，学者们发现良好的预期悲痛能力、内部归因能力、自我效能感有助于创业者从消极情绪中走出来（Shepherd et al. , 2009）。

（3）失败恐惧

失败恐惧是个体因预期自己可能达不到某种目标而产生的一种消极的情绪（孙晓冬 等，2007）。个体基于过去自身经验或不愉快的回忆而加深对失败的恐惧，最终选择逃避（Sager et al. , 2009）。失败恐惧往往与低自尊、不自信等自我意识密切相关，其核心成分是羞愧（McGregor et al.，2005）。虽然失败恐惧可以在一定程度上促进人们取得更高的成就，但同时也会让人产生高水平焦虑，降低动机水平和心理弹性，造成人的习得性无助（Martin，2003）。失败恐惧还可能造成人的厌食症、焦虑、抑郁、临床头疼、工作倦怠和职业枯竭等。

由于创业失败存在严重的污名效应（孙珂 等，2015），而且创业失败率高、创业失败损失严重，很容易使人对创业产生畏惧心理。不少研究者发现，失败恐惧对人的创业意向具有阻碍作用（胡玲玉 等，2014；丁桂凤等，2016），个体因害怕承担创业失败所带来的后果而降低创业意愿，相较于保守的社会文化，开放式文化可以降低失败恐惧的负面影响（黎赔肆等，2017）。失败恐惧与不确定性和风险规避有着密切关系。个人对风险的规避程度越高，越害怕失败（Ekore et al.，2012），因此在创业过程中，创业者更倾向于选择具有适度风险甚至是零风险的创业项目，失败恐惧能够影响创业意愿与创业行为的关系。

2.1.3　宽容失败的内涵

一个组织在创新过程中，很容易遭遇各种问题、失败，创新不仅需要团队成员之间的沟通与协调，也需要团队形成一种对失败宽容的氛围，允许团队成员出错，并宽容他们的过错（Cox，2011）。最早被提出的与宽容失败有关的定义来自 Farson 和 Keyes（2002）对宽容失败领导者的描述：宽容失败领导者通过其言行，帮助人们克服对失败的恐惧，创造一种勇于承担风险的文化氛围，以引导持续创新。后来，Hutchison-Krupat 和 Chao（2014）指出，组织宽容失败是能够或者愿意忍受负面的项目结果而不惩罚相关人员。谢雅萍和陈睿君（2018）认为组织宽容失败不是对成功无所追求，而是对积极努力过后的失败给予鼓励、理解和包容。赵庆波和封展旗（2002）指出，宽容失败是一种甘冒风险、锐意进取的企业文化。这种企业文化包含两个要点：一是不怕失败；二是积极对待失败，从失败中吸取教训。从中外学者对宽容失败的界定来看，宽容失败与宽容氛围两个概念在一定程度上可以相互替代，两者都强调营造一种文化氛围，对员工在工作中的差错或失败给予同情、容忍和谅解。综上所述，组织的宽容失败氛围是组织允许员工犯错、鼓励员工积极面对失败并从失败中反思和学习的文化氛围。

2.1.4 宽容失败的影响因素

组织宽容失败氛围的形成与组织文化、组织实践和领导者类型等因素有关。首先，组织文化中，宽容、怜悯和同情等核心价值观是宽容失败氛围形成的基础。组织文化是组织成员共同认可并遵守的行为框架（Schein，1990），组织中的宽容、自由等价值观取得员工共识后，大家就会对失败持接纳和包容的态度，对失败者重新融入集体、建立正常的人际关系给予支持（Goodstein et al.，2010）。相反，强调竞争和冲突的组织文化，不利于宽容氛围的形成（Tripp et al.，2009）。其次，组织对冲突和纠纷进行调解，能够使冲突双方充分交流而得到满意的结果，阻止了敌意的升级，有助于形成宽容的氛围（Lewicki et al.，2010）。最后，开放、包容的领导风格有利于营造组织宽容失败的氛围。张志明和汪荟萃（2020）发现，谦逊型领导能够向下属传递充分的欣赏和尊重，在下属遇到困难或失败时会安慰并鼓励下属进行新的尝试。

2.1.5 宽容失败的影响效果

目前，国内外有关组织情境中宽容失败的研究不多，学者主要在宽容氛围和失败学习研究方面取得了一些进展。这些研究能够为梳理、归纳和分析宽容失败的影响效果奠定良好的基础。对宽容氛围的研究主要集中在个体、团队、组织和社会三个层面。

（1）个体层面

个体层面的宽容氛围研究主要聚焦于人际关系方面（Bright et al.，2005），宽容氛围有助于修复员工的人际关系（Aquino et al.，2003），提高员工生产率并降低离职率（Cameron et al.，2004）。Liu 等人（2019）指出在宽容失败的组织中，经历过失败学习的领导会对自身或者组织作出一定的改变和创新。于晓宇等人（2019）指出，接受失败并从失败中学习能够增强个人的创新意愿。王世强和徐广平（2019）提出，宽容失败的组织氛围能够使员工在不断创新的过程中提升承担风险的能力，促使员工不断挑战自我、坚定理想信念。

（2）团队层面

第一，团队宽容氛围可以促进团队创新，提升团队绩效。在实施变革和创新的过程中，团队遇到失败是难免的，通常表现越好的创新团队在初始时会犯越多的错误（Edmondson，1999），因此，团队必须形成宽容失败和鼓励试错的氛围，以便团队成员克服对失败的恐惧，认识到一些智慧型、价值型的失败可以为团队带来新的知识和经验（Edmondson，2011）。团队营造的宽容氛围能够使成员更乐观积极，不再花时间和精力抱怨或指责当事人的错误，改善团队人际关系，成员彼此友好并相互信赖（王重鸣等，2015）。而且，团队倡导的宽容态度使领导者和团队成员能够对各方的错误和失败保持客观判断，同时允许团队成员持有不同的意见，减少领导者与成员、成员与成员的冲突，增强团队凝聚力（丁晓斌，2016）。蔺海沣和赵敏（2016）以科研团队为研究对象，发现宽容失败的氛围有利于团队的科研创新。

第二，团队倡导失败学习可以促进团队创新。在创新团队中，要鼓励成员容忍失败、理解失败、允许失败和善待失败者。这样一来，一方面，成员能够避免因失败而相互指责和责备；另一方面，团队能够抛弃“成王败寇”的理念，让每个成员都认识到“失败是走向成功的一个过程”，通过对失败经验的学习，提高创新成功的可能性。当团队成员有消极情绪时，他们的表现水平和最终绩效结果难以维持和改善。Dias 和 Martens（2019）通过实证研究发现，宽容氛围会通过失败学习影响团队创新。谢雅萍和陈睿君（2018）指出，团队接受失败并从失败中学习，可以增强团队的创新意愿，从而使团队取得创新成功。Shepherd 等人研究了科学家科研失败后的情绪管理过程，提出对于组织中失败的一些常态化处理措施。失败是经常发生的，而常态化的处理措施可以有效地减少员工失败后的负面情绪，并促使他们把精力投入对失败的学习（Shepherd et al.，2012）。

（3）组织和社会层面

组织宽容失败是实现创新的基础。Hutchison-Krupat 和 Chao（2014）通过实证研究证明了一个组织的创新能力可以凭借容忍失败的组织文化来提升。于晓宇等人（2019）也认为促进组织内创新的必要条件是组织宽容失败，并从失败中学习。更有学者将宽容失败对创新的影响扩展到社会层面，陈宝明（2016）指出，宽容失败对营造创新的社会氛围有很重要的作用。卢阳旭和赵延东（2019）指出，宽容失败对于社会的高水平科技创新非常重要。Wyrwichm 等人（2016）提出，鼓励从失败经历中学习的文化氛围，反映了一个社会的创业失败宽容度和大众对创业的认可度。

2.2 心理安全

组织变革容易引发员工的猜忌、不安甚至恐惧，为了确保组织变革顺利进行，组织需要考虑员工的心理状态，使他们发自内心地去帮助组织完成变革（Schein et al.，1965）。有研究表明，组织在变革中需要关注员工的心理安全，并指出心理安全是群体成员的互相支持感，这种感觉能促使成员愿意且勇于承担创新性工作。由于全球化趋势和新兴技术的发展，企业内外部环境变得更具不确定性，组织变革也日益频繁，所以，组织需要帮助员工应对环境变化和变革带来的不安全感，满足员工对心理安全的需求（Edmondson，1999）。近年来，心理安全问题日益受到研究者关注，其研究主要聚焦于心理安全的内涵和测量、心理安全的影响因素和心理安全的影响效果几个方面。

2.2.1 心理安全的内涵

心理安全最初是个体层面的概念，后来，随着学界对心理安全研究的不断深入，又出现了团队心理安全和组织心理安全等概念。总的来说，心理安全感是个体对于内外部环境安全性的感知，其作用方向可能是从他人到自己，即个人在执行工作、发表意见、承担创新任务的时候不必担心受到他人不好的对待。心理安全可以延伸到个体、团队、组织三个层面，个体层面的心理安全代表了个人对人际互动后果的主观知觉，而在团队和组织层面的心理安全则表现为一种共享信念，涉及个体与组织成员的交互作用。个体、团队和组织心理安全概念相似，易混淆，因此，下面我们根据安全感来源方向的不同，从个体心理安全、团队心理安全和组织心理安全三个层面对心理安全的内涵进行阐述。

（1）个体心理安全

从个体层面上看，心理安全是一种个体对自身内部心理状态的主观感知，属于认知的范畴。Kahn（1990）在研究个体的工作投入度时，指出心理安全是影响个体的工作投入度的一个重要因素，并指出个体心理安全感是员工对在工作中发表意见和展示自我时，其言论不会受到大家嘲讽且自我形象、地位及职位不会受到负面影响的感知。丛中（2004）把心理安全定义为个体对身体及心理冲击的预知的可控性，这种预知的可控性越强，心理安全感越强。Tynan（2005）将心理安全升级为一个动态的交互概念，并从自我心理安全（self psychological safety）和他人心理安全（other psychological safety）两个层面重新诠释了心理安全的概念。自我心理安全感是指个体在人际互动中体验到安全的程度，如他人是否会为难、尊重或信任自己；他人心理安全感是指个体对他人心理安全的感知程度，当个体感知到他人心理安全时，在人际交往时会表现出更积极的互动性，反之，则会在人际交往中回避他人。

（2）团队心理安全

从团队层面来看，心理安全感反映了团队成员对团队内人际关系安全性的感知，是一种团队特征。Edmondson（1999）在研究团队学习行为时，指出团队心理安全是团队成员关于“承担风险具有安全性”的一种共享信念，即团队成员认为在团队内部承担人际风险是安全的，他们相信团队不会惩罚、为难或拒绝勇于表达真实意见的人。

(3) 组织心理安全

与团队心理安全类似，组织心理安全也是一种共享的信念。不同的是，组织心理安全是所有成员的共享信念，表现为一种组织氛围特征（邹艳春 等，2017）。Brown 和 Leigh（1996）指出，组织心理安全是员工感觉到组织中的支持性管理（supportive management）、清晰的角色定位（role clarity）和允许自我表达（self-expression）的组织氛围特征。当组织允许员工尝试用新方法来达成目标，给予员工清晰、一致且可预测的角色期望，允许员工在工作中自由表达观点时，员工会在组织中感受到更强的心理安全感（Brown et al.，1996）。此外，在 Edmondson（2003）研究成果的基础上，Baer 和 Frese（2003）指出，组织心理安全是指一套正式或非正式的组织规范和程序。在具有高度心理安全感的组织氛围中，员工能够放心、大胆地讲出自己的想法，不必担心会受到惩罚或报复。Chughtai 和 Ali（2016）认为组织心理安全是指员工感知到组织允许自己运用创新的方法完成工作，会给予自己所期望的工作角色并且允许自己在工作中自由发表观点。Kim（2018）认为，组织心理安全是一种支持和指导员工自由沟通、知识共享以及相互信任的正式或非正式的规范和程序。李建华（2018）提出组织心理安全是指组织内成员相互信任、相互尊重的组织氛围。与团队心理安全相比，组织心理安全更关注较为宏观的组织环境特征和员工关系，更强调外部因素对心理安全的影响。

2.2.2 心理安全的测量

由于学者将心理安全划分为个体心理安全、团队心理安全和组织心理安全三个层面，所以，在对不同层面的心理安全的测量过程中学者采用了不同的测量量表和工具。

(1) 个体心理安全的测量

个体心理安全的测量主要用来评价员工对其人际互动关系中风险程度的感知。Tynan（2005）开发的心理安全量表是测量个体心理安全的经典量表，该量表包含自我心理安全和他人心理安全两个维度，共 12 个条目，如“老板尊重我的能力”“领导需要他人支持他/她的想法”。该量表以心理安全的互动过程为基础，但因有关心理安全的双向人际交互的研究较少，因此采用该量表作为测量工具的文献不多。此外，还有一些学者修订了经典的团队心理安全或组织心理安全量表来测量个体心理安全。例如，Detert 和 Burris（2007）选取了 Edmondson（1999）团队心理安全量表中的 3 个条目，来测量员工的个体心理安全；Liang 等人（2012）从 Brown 和 Leigh（1996）的组织心理安全量表中选取了 5 个条目来测量员工的个体心理安全。

（2）团队心理安全的测量

Edmondson（1999）开发的量表是经典的团队心理安全测量工具之一。虽然该量表是为研究团队学习行为而开发出的量表，其实际测量的仍是个体在与他人交互过程中的一种对于风险的自我感知程度。Edmondson 的量表包含 7 个条目，如“在这个团队中冒险是安全的”。很多学者直接使用了 Edmondson 开发的团队心理安全量表，也有一些学者从量表中选择几个条目进行修订。例如，Nembhard 和 Edmondson（2006）从 Edmondson（1999）的量表中选择了 4 个条目；Harper 和 White（2013）修订了 Edmondson（1999）的量表，编制了包含 8 个条目的测量量表。我国学者吴志平和陈福添（2011）基于中国文化情境开发了包含直抒己见、互敬互重、人际冒险和彼此信任四个维度的团队心理安全量表，具体刻画了中国社会中员工心理安全的特征，对本土化心理安全研究有一定的学术价值和借鉴意义。

（3）组织心理安全的测量

组织心理安全的测量量表主要有两种：一是 Brown 和 Leigh（1996）编制的组织心理安全量表。该量表依据组织心理安全的三个维度（支持性管理、角色澄清和自由表达）来编制，主要用于研究个体在组织中感知到的心理安全氛围。该量表在心理安全研究中被广泛应用。二是在 Edmondson（1999）团队的心理安全量表的基础上修订的测量组织心理安全的量表。例如，Baer 和 Frese（2003）将 Edmondson（1999）量表条目中的“团队”替换成“组织”，使该量表适用于组织层面的心理安全感测量，改编后的量表信度为0.82。中国台湾学者杨敏禧（2002）在前人研究的基础上，根据中国台湾企业的实际情况，编制了一套适合企业的组织心理安全多维度量表，该量表将组织心理安全分为畅所欲言、共同信念、彼此尊敬、冒险行为和相互信任五个维度。

综上所述，由于心理安全涉及个体、团队和组织层面，所以，测量方法和工具比较丰富，为心理安全的量化研究奠定了良好的基础。较为经典的心理安全测量工具见表2-1。

表2-1　心理安全测量工具

研究层面	研究者（年份）	条目数	结构	信度
个体层面	Tynan（2005）	12	两维	0.82
	Detert 等（2007）	3	单维	0.9
	Liang 等（2012）	5	单维	0.75
团队层面	Edmondson（1999）	7	单维	0.82
	Leroy 等（2012）	7	单维	0.80
	Nembhard 等（2006）	4	单维	0.73
	Harper 等（2013）	8	单维	0.79
	吴志平等（2011）	16	四维	0.83
组织层面	Brown 等（1996）	12	三维	0.78
	Baer 等（2003）	7	单维	0.82

2.2.3　心理安全的影响因素

（1）个体心理安全的影响因素

员工自身的价值观、思维方式、性格、情绪、智力等因素决定着他们的知觉方式和关注重心，进而影响其对组织环境、人际互动的感知与判断。员工的自身特征主要包括外在的物质特征和内在的心理特征。物质特征指个体在组织和团队中所处地位的高低、掌握资源的多少、拥有的技能的熟练程度、稀缺性等。例如，医疗保险行业重视雇员的职业专业化程度，因此员工的专业地位越高，其心理安全的水平也越高（Nembhard et al.，

2006)。不少学者从个体心理特征的角度展开研究，证实了员工的自我意识，特别是公共自我意识与心理安全呈负相关关系（May et al.，2004；Zhang et al.，2010）。个体学习意识和能力也对个体心理安全有重要影响，有学习倾向的人认为犯错是他们自我发展的必要部分，这对个人心理安全水平有积极影响（Chiu et al.，2011）。具有高自我意识特质的个体由于能够敏锐地意识到他人对自己的看法，对行动的消极后果更为敏感，因此与低自我意识的个体相比有更低的心理安全感（May et al.，2004；Zhang et al.，2010）。根据工作特征理论（JCT），工作设计特征对员工心理安全状态也有重大影响（Hackman et al.，1976）。此外，不少研究发现，威胁敏感性（Tynan，2005）、信任知觉（李宁 等，2007）、主动型人格（Detert et al.，2007）、目标导向（张永军 等，2010）、情绪知觉与情绪管理（Harper et al.，2013）、心理资本（唐朝永 等，2014）等个体心理特质也会对个体心理安全产生显著影响。

（2）团队与组织心理安全的影响因素

①领导行为。鉴于领导者在组织中的地位及其发挥的作用，员工感知到的领导力或领导行为无疑会影响其心理安全的形成和变化。领导行为是预测团队和组织心理安全的重要手段，员工是否能在团队或组织中感受到心理安全，很大程度上受领导行为特征的影响（凌斌 等，2010）。这些领导行为特征包括伦理型领导（王忠诚，2018）、变革型领导（Shin et al.，2003）、共享型领导（苏屹 等，2018）、悖论型领导（王朝晖，2018）、道德型领导（Walumbwa，2009）、包容型领导（Nembhard et al.，2006）、谦卑型领导（张巧巧，2018；冯瑾，2019）、精神型领导（Chen et al.，2019）以及支持型领导（刘宗华 等，2019）等。杨霞和李雯（2017）认为支持、信任员工以及倡导共享与合作的价值观的领导能够为员工提供一种互相信任的氛围，使员工对组织产生归属感，从而提升组织心理安全感，伦理型领导、服务型领导、共享型领导具备这样的特质。Yan 和 Xiao（2016）调查了 430 个公务员及其领导，发现服务型领导能够正向促进下属的心理安全，进而使员工给出更多的建言。刘宗华等人（2019）认为主

管的支持能促进员工掌握工作技能以及有用的知识经验，使员工不用担心由于犯错而受到惩罚，从而提高了组织心理安全感，悖论型领导和支持型领导都具备这样的特质。Detert 和 Burris（2007）认为组织开放性能够非常有效地影响组织心理安全，而变革型领导以及包容型领导都具有鼓励员工变革创新的特点，有利于组织心理安全感的增强。Kim 等人（2019）通过对韩国 52 个团队的研究发现，变革型领导对员工心理安全有显著的影响。Walumbwa 等人（2009）发现谦卑型领导和道德型领导所具备的仁慈以及正直的特质有助于员工产生即使由于一些风险性行为导致不良后果也不会被惩罚的感知，从而有利于组织形成心理安全的氛围。张军成（2016）发现谦卑型领导能帮助员工实现心理安全，并促进员工的建言行为。Tu 等人（2019）通过对中国的 44 个知识工作团队的研究发现，伦理型领导对组织安全氛围有积极的影响。权威型领导则会对下属的心理安全有负面影响（段锦云，2012）。

②团队特征。团队或者组织作为由个体所组成的一个整体，其结构特征、目标特征、管理方式等会对团队或组织的心理安全产生重要影响。Chandrasekaran 和 Mishra（2012）提出，团队的整体自主性会提高团队整体的心理安全感。Ashauer 和 Macan（2013）的研究证明，以控制导向为目标的团队比以绩效导向为目标或者无目标的团队心理安全感更强。

③组织环境。组织环境是影响团队和组织心理安全的重要因素，包括雇佣关系（Tsui et al.，1997）、组织支持（Edmondson，1999）、组织信任（李宁 等，2007）、组织创新氛围（石金涛 等，2011）、组织情绪能力（常洁 等，2020）等。Tsui 等人（1997）发现，经济性交换与社会性交换都会通过员工感知到的雇佣关系的不同给予员工在工作安全感上的差异。Kahn（1990）认为，组织的信任与支持可增强组织心理安全感。Edmondson（2002）也发现组织的信任与支持能够促进员工对组织安全氛围的感知，因为团队成员体验的情景支持（如获得充足的资源、信息和奖励）能够帮助团队成员获得心理安全感（Edmondson，1999）。

良好的组织氛围能够让员工感知团队或组织的安全氛围。耿昕等人

(2011) 认为组织的创新氛围有助于员工大胆地表达自己的新想法、新观点。敖雪 (2018) 认为差错管理氛围提倡员工互相沟通、互相学习以及互相帮助，对员工的差错有较强的容忍度，从而减少了员工对犯错受惩罚的担忧，有助于形成安全的组织氛围。团队的学习导向和开放氛围也能够鼓励员工真实地表达个人观点，不必担心犯错可能带来的惩罚，让员工感知团队的安全氛围 (Harvey, et al., 2019)。

组织提供的有利工作资源能帮助组织营造良好的心理安全氛围。情绪处理水平高的组织更能有效处理员工的消极情绪，激发其积极情绪，使得组织人际关系更加和谐、组织心理安全更有保障 (常洁 等, 2020)。人力资源管理实践有多种类型，如高承诺人力资源管理实践、集体主义导向人力资源管理实践和支持型人力资源管理实践等。这些人力资源管理实践都被视为影响组织心理安全的重要因素。Collins 和 Smith (2006) 发现，高承诺人力资源管理实践能够让员工感受到组织的信任与支持，营造心理安全的氛围。张燕等人 (2015) 发现组织的程序公平和分配公平与员工的心理安全感正相关。Carmeli 和 Zisu (2009) 以 191 位医学专家为研究对象，发现支持型人力资源管理实践能够利用社会学习的过程，帮助成员获得心理安全感。Singh 等人 (2013) 从社会认同的视角，证实了多样化管理实践能够提高成员对组织的认同度，进而使成员更有心理安全感。

④人际关系。员工的相互信任与尊重是影响组织心理安全的重要因素 (Kahn, 1990; Edmondson, 2003)。如果员工间有良好的信任关系，就可以减少员工对于个人言行可能遭受的打击报复以及个人身份地位的威胁的担忧，从而提高员工在组织中的心理安全感 (Edmondson, 2003)。Carmeli 等人 (2009) 将人际关系的两个维度 (人际能力与人际体验) 作为前因变量，研究人际关系与组织心理安全的关系，发现高质量人际关系对组织心理安全有促进作用。

⑤社会资本。拥有充足社会资本的企业，能够给成员更雄厚的资源和可兑现的承诺，能够在一定程度上减少成员对未来职业发展的担忧。社会资本通常包括内部社会资本和外部社会资本。前者是指个体在社会网络内

部所拥有的社会关系，后者则是指个体与他人建立和维系的一系列特定联系。因此，从某种意义上来说，企业拥有充足的社会资本有利于组织心理安全氛围的形成。Carmeli（2007）以工人和政府官员为研究对象进行实证研究后发现，组织拥有充足的内部社会资本和外部社会资本都会对组织心理安全产生促进作用。

2.2.4 心理安全的结果变量

心理安全的结果变量包括个体、团队和组织三个层面。从个体层面来说，心理安全会对员工学习行为、建言行为、创新行为、敬业度、满意度以及工作绩效等产生影响。心理安全可以激发员工的学习潜力和探索精神，影响员工的学习行为，提升其工作绩效。心理安全可以影响员工多方面的学习行为，包括失败学习（Carmeli et al.，2009；于晓宇，2019）、吸取教训以及知识共享（Siemsen et al.，2009；张永军 等，2010；杨齐，2014；敖雪，2018）。组织心理安全氛围有助于员工在工作中提出新想法，并促进其参与创新工作（Kark et al.，2009）。心理安全氛围会提高员工的创造力（龙静 等，2011）、促进员工创新（Edmondson，2002；朱秀梅，2019）、提高员工创新卷入度（Kark et al.，2009）、推动新技术变革（Tucker et al.，2007）。但也有一些文献表明，心理安全并不能直接影响创新相关变量，而是通过知识分享的中介作用对创造力、创新行为或创新绩效产生间接影响（Kessel et al.，2012）。组织心理安全还可以帮助员工节省处理人际纠纷的精力，从而使其有更多精力投入工作。而且，在组织心理安全的氛围中，员工更愿意表现出积极主动的工作态度（Chen，et al.，2019）和亲社会性（Leung et al.，2015）。苏屹和刘敏（2018）发现，组织心理安全氛围能够促进员工的建言行为（Ge，2020）和进谏行为（Liang et al.，2008）。Kahn（1990）提出心理安全能与工作意义和可获得性一起促进员工投入工作。May 等人（2004）以英国的保险公司为样本，再次证实了心理安全感与工作投入度的正向关系。Walters 和 Diab（2016）的研究为心理安全感与工作投入度的相互作用提供了数据支持，并揭示了心理安全在谦卑型领导与工作投入之间起中介作用。

从团队层面上来说，大量的研究发现心理安全能够积极影响团队学习行为（陈国权 等，2008；顾琴轩 等，2015），提高团队创新绩效（唐翌，2005）。Kruzich 等人（2014）通过对 239 个团队中的 1040 名儿童福利工作者进行研究发现，共享心理安全氛围能够正向影响留职意向。倪昌红等人（2016）、叶仁荪等人（2016）的研究都证实了团队心理安全对群体离职意愿有影响。Schulte 等人（2012）通过对 69 个团队进行为期 10 个月的追踪研究发现，团队心理安全会影响团队成员关系，当团队成员的心理安全感高时，他们愿意向其他成员询问意见，并将他们看作朋友。Behfar 等人（2016）研究发现，心理安全能够调节自我服务偏见与团队满意度的关系。而且，不少研究发现，心理安全氛围能够鼓励团队成员学习新知识、新方法、新思路，促使他们分享自己的失败经验，促进团队内部的学习，进而提升团队合作有效性（Edmondson et al.，2014；Tucker et al.，2007）。Liang 等人（2012）通过对 239 名员工的调查发现，团队心理安全会影响员工建言行为，但是相较于促进性建言，团队心理安全对抑制性建言的正向作用更强。Atwater 和 Carmeli（2009）对 128 名做兼职的研究生进行研究，发现团队心理安全会影响研究生的创新投入度。曹科岩（2015）以珠三角地区高科技企业 61 个工作团队的 387 名员工为调查对象，验证了团队心理安全可以通过促进知识分享正向影响成员的创新行为。心理安全氛围还可以提升团队内部沟通的有效性，减少信息的失真（Mu et al.，2013），促进团队内部的合作（Tjosvold et al.，2004）和团队整体绩效的提升。Faraj 和 Yan（2007）通过对 64 个软件开发团队的研究发现，团队心理安全对团队工作绩效有着积极的影响。

从组织层面来说，组织心理安全的结果变量包括组织学习、组织绩效以及组织创新等。Carmeli（2007）通过对组织心理安全、社会资本与失败学习的关系的研究发现，组织心理安全对组织失败学习具有促进作用。Edmondson 和 Lei（2014）也在以兼职学生为样本的研究中发现组织心理安全对组织学习有正向影响。Collins 和 Smith（2006）通过实证研究，指出组织心理安全对组织绩效有促进作用。Moore 和 Wangle（2017）通过实证研究，指出组织心理安全对组织创新有正向影响。

2.3 内创业

2.3.1 内创业的概念

20 世纪 80 年代，一方面，企业外部环境变化迅速，竞争日趋激烈，企业需要不断变革和创新才能获得市场竞争优势，另一方面，大公司传统结构造成的反应迟钝、行动缓慢阻碍了公司的创新和发展。因此，公司内创业开始受到学者的广泛关注。Schollhammer（1982）提出企业内创业概念，认为企业内创业是在现有企业内开展的旨在实现新产品的开发和优化工艺流程的所有正式创业或创新活动的总和。Pinchott（1985）在考察了大型公司的创业实践后，指出内创业是组织内部的个人创业，并明确提出内创业是在大型公司内部或者独立的事业部内创建新市场、开发新技术以及改进管理方式的创新活动。Covin 和 Slevin（1991）从资源整合视角，指出内创业意味着公司通过内部资源整合提高其核心竞争力，实现公司的可持续发展。刘海丽（2016）提出，内创业可以被定义为组织为获取创新性成果来提升其市场竞争力，在组织内部授权和资源保障的前提下开展的一系列创业活动。总之，和创业的定义相比，内创业更强调在现存组织内部开展创业活动（Antoncic et al.，2001）。

内创业是公司创业的典型模式，包括三种情况：一是员工的内创业活动，即公司内部员工可以自行发现新的市场机会，研究新的技术或产品，向组织申请获得批准后，依靠公司的设施、技术、人力、资金、渠道等进行创业活动（Haase et al.，2015；陈洁，2018）。二是组织主导的战略更新活动，即公司基于组织资源、组织结构和公司管理状态，进行市场机会识别，开拓新市场、开发新产品或新技术，进行主动转型与变革的活动（郭鲁伟，2002）。三是企业间的资源整合和拓展活动，即不同企业共同发现新的市场机会、整合资源、开拓创新（杜辉 等，2017），这种活动包括并购、合作成立子公司、建立战略联盟等（Kocjancic et al.，2013）。

2.3.2 内创业的影响因素

影响企业开展内创业活动的因素有很多，主要包括企业外部环境、企业内部因素和员工个人因素三方面。

（1）企业外部环境

外部环境变化通过市场反馈至企业决策层，企业应及时关注并响应市场环境变化，发现自身的短板，寻求新的市场机会，从而形成企业内创业的氛围（Covin，1991）。外部环境主要包括三方面的特征：首先是环境变化性，主要是指外部环境的多变性和不稳定性。外部环境越动荡，新的市场机会就越多（蒋运通，2006），企业会通过内创业来积极应对环境变化所带来的一系列挑战，获得生存与发展的空间。其次是新市场需求，主要是指企业面临市场萎缩、行业发展衰退，被迫加快改革和创新的速度，大力开发新市场、开发新技术和产品，以适应消费需求升级，从而衍生更多的内创业活动（Zahra，1993）。最后是环境敌对性，主要是指企业外部环境的不利变化以及竞争对手的成长。当企业所处的市场环境、技术环境、贸易环境等发生变化，阻碍了企业实现目标和成长、发展时，企业需要从内部寻找挣脱环境束缚的力量。竞争对手的成长加剧了企业之间的竞争，给企业发展造成巨大威胁。面对竞争对手的挑战，企业需要不断变革和创新，从内部寻求突破，通过开展内创业活动来激发企业活力，摆脱市场威胁（杨金定 等，2018）。

（2）企业内部因素

内创业是指企业内部开展的创新、创业活动，企业的组织文化、战略导向、制度设计、领导类型等因素都会对内创业产生显著的影响。

企业可以通过倡导创新、创业精神，鼓励持续学习以及知识共享来促进内创业。在组织中营造鼓励创新、宽容失败的氛围，对于员工的创新、创业成果给予相应的奖励与回报，能够有效地激励员工内创业（Duobiene， et al., 2007)。Alipour 等人(2011)发现，学习型组织会通过启发员工的创新思维，鼓励员工提供新想法、新观点，并对员工的探索性创新行为给予肯定与奖励，来鼓励员工的内创业行为。企业倡导知识共享，促进团队成员之间的知识整合，加强团队成员之间的信任与合作，从而大力推动内创业(金肖临 等，2018)。

以市场为导向的企业会更加关注消费市场的变化，及时捕捉客户的需求变化，并通过不断创新来更好地满足客户个性化的需求(Drucker, 1985)。因此，市场导向的企业会鼓励员工通过产品创新、服务创新以及技术创新等多种方式来为企业和客户创造价值，从而对内创业活动的开展产生促进作用。而且，坚持市场导向的企业鼓励员工对公司产品进行开发和改进，以创新、创业为导向的公司善于探索新兴市场，更关注未来和长期发展，善于发现市场上存在的空白点(李西垚 等，2008)。

企业制度环境是影响员工参与内创业活动的重要因素。吴建祖等人(2015)指出，员工所感知的创业氛围会直接影响员工参与内创业活动的积极性和主动性。在支持性的组织环境中，员工拥有更加充分的资源和自由来开展内创业活动，相反，当员工发觉组织资源匮乏、创业措施落实不到位时，员工会更愿意选择低风险和能够取得较高短期回报的工作，放弃高风险的创新、创业活动。

领导类型也是激发员工开展内创业活动的重要因素。Jtuna 等人(2015)研究发现，领导风格对于组织内部工作运转方式和运作效率具有决定性作用，对企业内创业活动也会产生重要影响。变革型领导对员工内创业行为具有正向作用(Moriano, et al., 2011)，团队效能感在组织中发挥中介作用(李宇驰 等，2019)。共享型领导对于员工开展内创业活动有显著的正向影响(胡峰 等，2019)，伦理型领导对于员工内创业意愿具有积极影响(蒋丽芹 等，2018)，服务型领导对员工内创业行为有正向推动作用，服务型领导特征越强推动作用越明显(高士强，2016)。传统的交易型领导在工作中遵循明确严格的制度规范以及不偏不倚、严苛的奖惩制度，可能会对内创业行为产生消极影响(Moriano, et al., 2011)。李桂华和赵珊（2020）发现中层管理者的个体创业导向会引发国有企业探索性变革，而且，领导委派对中层管理者内创业行为具有正向影响（余维新 等，2020）。

工作自主性是员工对其所处组织环境中对于自身约束力的一种感性认知，反映了员工处理工作的灵活性。面对变幻莫测的市场，高自主性能够使员工的行为过程更加灵活，允许员工根据环境和市场的变化即时调整任务的进度和方向，这对于高效地完成组织目标、达成组织绩效是至关重要的（樊耘 等，2012）。在进行内创业时，给予团队适当的工作自主权有助于内创业者控制整个工作过程、进行灵活的调度和资源分配，不仅可以促进企业内创业活动的顺利开展，还可以使内创业者感受到组织的信任和支持。

（3）员工个人因素

内创业是组织中员工自发的或接受组织委派在组织内部开展的创新、创业活动，因此，员工的个人特征，如自我效能感、风险偏好、工作满意度等会显著影响员工的内创业活动。

王林雪和张娜（2017）发现，自我效能感是影响个体参与内创业活动的直接影响因素，因为员工在组织内部进行内创业探索的过程中，可能会遇到风险、障碍和重重阻力，如果缺乏坚定的决心和信心，就很难坚持到最后。而且，具有较高成就需求的人具有较强的创业动机，他们喜欢设定具有挑战性的目标，并在实现目标的过程中获得满足感。因此，具有高成就需求的员工更有可能进行内创业活动。Collins 等人（1964）指出，选择进行创业的人在某种程度上比其他人具有更高的风险承受力，在未知的情况下仍然敢于去尝试不同的方法。关于企业内创业者特征的研究已经证明了冒险能力、风险承受能力的重要性（Hornsby et al.，2002），具有冒险精神、高风险承受能力的内创业者才会大胆地把握更具不确定性的创业机会。此外，有研究发现，通过提升研发人员的工作满意度，加强员工对于企业的认同感和归属感，建立起稳固有效的组织承诺机制，能够进一步激发员工的潜力和积极性，促进员工进行内创业（黄亮 等，2015）。

企业中不同组织部门的内创业者在选择创业机会时，会考虑自己部门的需求，因此不同组织结构和层级下的内创业者对内创业机会的敏感度有所差异。石伟磊等人（2009）发现，中层管理者所处的不同组织位置会在一定程度上影响他们在进行战略决策的时候所扮演的角色，而且，中层管理者在企业内创业中发挥战略性作用（吴建祖 等，2012）。中层管理者通常从组织的中层和基层预先筛选创业人员，并将那些与企业战略相匹配的创业机会推荐给高层管理者。Ren 和 Guo（2011）指出，一线产品开发人员、销售人员和其他基层人员能较早感知到技术和市场变化，所以，他们更有机会和意愿在组织内创业中进行市场探索，推动组织内创业活动的开展。

2.3.3 内创业的测量

内创业是在组织内部开展的创新活动，具体可以包括个体、团队两个层面的活动。从个体层面来看，员工内创业是员工在组织内部开拓新业务、开发新产品、研发新技术，并获得组织资源支持的创新活动（Abrell et al.，2016）。测量个体内创业水平的变量有内创业意愿和内创业行为。Suddaby 等人（2015）研究发现，创业意愿是个体对创业的态度，而不是个人特质。个体有创业成功的潜力，但没有对创业的期望与自我信念，则并不一定会创业（徐广平 等，2019）。内创业意愿是指个体在公司内部开展新业务、开发新产品、研发新技术等创新活动的心理倾向。内创业行为是指员工将内创业意愿转变为行动，表现为员工在组织内部开展的创新活动。从团队层面来看，团队内创业是指员工在组织中创建工作团队，开展新业务、新技术和新产品开发等创新活动。内创业绩效聚焦于企业内创业团队的创业成果，一方面，它是关于内创业团队最初设定的创业目标的衡量条件，另一方面，内创业绩效还是内创业团队能够获得更多竞争优势的基础，是判定内创业团队所进行的内创业实践是否成功的重要指标之一。内创业绩效往往以效标的形式出现，用以评价内创业活动的效果。Chrisman 和 Bauerschmidt（1998）认为企业应注重生存和成长两个维度的内创业绩效。文亮（2010）将创业绩效分为生存绩效、成长绩效和创新绩效三个维度。

2.4　宽容失败、心理安全与内创业关系研究的理论基础

目前，宽容失败、心理安全对内创业的影响尚未被验证，但是，社会交换理论、自我决定理论以及社会认同理论为三者的逻辑关系研究提供了理论基础。

2.4.1　社会交换理论

社会交换是一种建立在人的相互信任基础之上，以互惠公平为原则的自愿行为。社会交换是存在于人际关系中的社会心理、社会行为方面的交换，其核心是“互惠原则”。在社会关系中的双方，为了获得利益，需要对已获得的利益进行回报，这种需要成为社会互动的“启动装置”。在组织宽容失败的氛围中，员工可以自由发表个人观点，不担心会因失败而遭受惩罚，如此一来，员工获得了较强的心理安全感和组织支持感，作为回报，员工会展现出积极的工作态度，积极主动参与对组织发展有益的创新、创业活动。

2.4.2　自我决定理论

自我决定理论是指，如果人的三个基本需求得到满足，人就会倾向于追求更高水平的绩效、健康和幸福感。三个基本需求是自主需求、胜任需求和关系需求。此外，该理论还指出关注内在目标（如个人成长、归属等）的实现程度可以增强幸福感，而关注外部目标（如金钱、名誉等）的实现程度则会导致抑郁和焦虑。组织宽容失败的氛围给员工提供了展现自我、个性的舞台和空间，满足了员工内在的自主需求、胜任需求和关系需求，从而增强员工对组织的信任感和认同感，使其更愿意承担风险、积极投入开创性活动。

2.4.3　社会认同理论

社会认同是指一个人把自己定义为某种类型的社会成员，并且把这种

类型的典型特征归于自己的心理表现与过程。社会认同在本质上属于心理上的认同。通过这个认知过程，群体的目标和个体的目标在一定程度上提高了匹配度。并且，在这个过程中，个体通常会与其自身所处群体产生一定的情感关联。这种关联在一定程度上表现为情感依赖。在组织宽容失败氛围中，员工不会因为担心出错而焦虑，从而获得了心理安全感，由此员工会对团队产生认同感，并以成为团队的一员为荣，所以，团队成员更愿意参与团队和组织的各项创新、创业活动。

参考文献

[1] 敖雪. 差错管理氛围对员工知识共享行为影响研究——以心理安全感为中介变量 [D]. 南京：南京航空航天大学，2018.

[2] 曹科岩. 团队心理安全感对成员创新行为影响的跨层次研究：知识分享的中介作用 [J]. 心理科学，2015，38 (4)：966-972.

[3] 常洁，唐朝永，牛冲槐. 组织情绪能力与组织创新关系：心理安全及失败学习的链式中介模型 [J]. 科技进步与对策，2020，37 (18)：10-17.

[4] 陈宝明. 激励创新更应“奖励失败” [J]. 高科技与产业化，2016 (10)：22-23.

[5] 陈春花. 鼓励探索，宽容失败 [J]. 企业管理，2017 (8)：1.

[6] 陈国权，赵慧群，蒋璐. 团队心理安全、团队学习能力与团队绩效关系的实证研究 [J]. 科学学研究，2008，26 (6)：1283-1292.

[7] 陈洁. 整车企业的纵向一体化策略选择及绩效影响研究 [D]. 济南：山东大学，2018.

[8] 丛中，安莉娟. 安全感量表的初步编制及信度、效度检验 [J]. 中国心理卫生杂志，2004，18 (2)：97-99.

[9] 丁桂凤，侯亮，张露，等. 创业失败与再创业意向的作用机制 [J]. 心理科学进展，2016，24 (7)：1009-1019.

[10] 丁晓斌，李志刚．领导者情绪智力、团队宽容氛围对边界管理的影响——一个有中介的交互效应模型构建［J］．领导科学，2016（29）：38-41．
[11] 杜辉，何勤，朱晓妹，等．内创业概念、内涵演变及内创业者研究综述［J］．管理现代化，2017，37（3）：58-61．
[12] 段锦云．家长式领导对员工建言行为的影响：心理安全感的中介机制［J］．管理评论，2012，24（10）：109-116．
[13] 樊耘，纪晓鹏，邹艺．中层管理者多重角色行为对企业绩效影响的实证研究［J］．管理工程学报，2012，26（2）：1-11．
[14] 房晓冉，王兴元．团队宽容氛围与创客团队绩效：沟通协作的中介机制研究［J］．企业经济，2018，（11）：142-148．
[15] 冯瑾．谦卑型领导对员工工作繁荣的影响研究——基于心理安全感的中介［D］．南宁：广西大学，2019．
[16] 高士强．服务型领导对员工内创业行为的影响研究［D］．泉州：华侨大学，2016．
[17] 耿昕，石金涛，牛盼强．创新气氛对员工创新行为的影响机制综述［J］．现代管理科学，2011（3）：17-19．
[18] 顾琴轩，王莉红．研发团队社会资本对创新绩效作用路径——心理安全和学习行为整合视角［J］．管理科学学报，2015，18（5）：68-78．
[19] 郭鲁伟，张健．公司创业的模式探讨［J］．科学学与科学技术管理，2002，23（12）：94-96．
[20] 郝喜玲，涂玉琦，刘依冉，等．失败情境下创业韧性的研究框架构建［J］．外国经济与管理，2020，42（1）：30-41．
[21] 贺来．宽容意识［M］．长春：吉林教育出版社，2001．
[22] 胡峰，黄耀敏．传媒公司共享型领导对内创业行为影响研究［J］．现代传播（中国传媒大学学报），2019，41（3）：133-139．
[23] 胡洪浩，王重鸣．国外失败学习研究现状探析与未来展望［J］．外国经济与管理，2011，33（11）：39-47．

[24] 胡玲玉，吴剑琳，古继宝．创业环境和创业自我效能对个体创业意向的影响［J］．管理学报，2014，11（10）：1484-1490.

[25] 黄亮，彭璧玉．工作幸福感对员工创新绩效的影响机制——一个多层次被调节的中介模型［J］．南开管理评论，2015，18（2）：15-29.

[26] 黄秋风，唐宁玉，葛明磊．组织容错感对员工工作绩效的作用机制及作用情境研究［J］．中国人力资源开发，2016（1）：60-66.

[27] 蒋丽芹，方洁．伦理型领导对员工内创业意愿的影响机制研究［J］．科技进步与对策，2018，35（9）：138-144.

[28] 蒋运通．企业战略管理——理论、过程与实践［M］．北京：企业管理出版社，2006.

[29] 金肖临，田新民，李旭．团队社会资本对内创业行为的影响机制研究［J］．上海管理科学，2018，40（4）：27-31.

[30] 黎赔肆，孙拼，王孜．文化与创业意向关系：基于失败恐惧调节作用的理论模型［J］．当代经济，2017（12）：152-154.

[31] 李桂华，赵珊．中层管理者视角下国有企业探索性内创业过程机制研究［J］．科技进步与对策，2021，38（8）：70-78.

[32] 李建华．调节焦点与教师创新工作行为：创造动机的中介和组织心理安全的调节作用［D］．兰州：西北师范大学，2018.

[33] 李宁，严进．组织信任氛围对任务绩效的作用途径［J］．心理学报，2007，39（6）：1111-1121.

[34] 李西垚，李垣．市场导向、企业家导向对技术创新选择的影响分析［J］．现代管理科学，2008（8）：80-82.

[35] 李宇驰，陈静龄．变革型领导对内创业行为的影响机制研究［J］．上海管理科学，2019，41（2）：62-66.

[36] 林崇德，杨治良，黄希庭．心理学大辞典［Z］．上海：上海教育出版社，2003.

[37] 林嵩．创业失败综述：研究传统、前沿议题与未来机会［J］．科学学与科学技术管理，2016，37（8）：58-67.

[38] 蔺海沣，赵敏．众创时代高校科研团队创新中的失败学习研究［J］．教育发展研究，2016，36（7）：1-8.
[39] 凌斌，段锦云，朱月龙．工作场所中的心理安全：概念构思、影响因素和结果［J］．心理科学进展，2010，18（10）：1580-1589.
[40] 刘海丽．揭开内部创业的神秘面纱：ZX公司组织变革的苦与乐［D］．北京：北京理工大学，2016.
[41] 刘曙辉．合乎理性与宽容——罗尔斯《政治自由主义》中的宽容观［J］．华东师范大学学报：哲学社会科学版，2007（5）：75-79.
[42] 刘宗华，郭昱琅，郑馨怡．主管支持与网络怠工——心理安全和尽责性的作用［J］．管理学刊，2019，32（2）：54-62.
[43] 龙静，汪丽．并购后威胁感知与心理安全对员工创新的影响——基于高科技企业的实证研究［J］．科学学研究，2011，29（9）：1382-1388.
[44] 卢阳旭，赵延东．宽容文化与科技创新：一项基于国际比较的实证分析［J］．中国软科学，2019（3）：61-68.
[45] 钱锦昕，余嘉元．中国传统文化视角下的宽容心理［J］．江苏师范大学学报：哲学社会科学版，2014，40（2）：149-153.
[46] 石书德，张炜，高建．新企业创业团队的治理机制与团队绩效的关系［J］．管理科学学报，2016，19（5）：14-27.
[47] 史佩岚．先秦儒家宽容思想及其现代意义［J］．法制与社会，2019（31）：232-233.
[48] 苏屹，刘敏．共享型领导、心理安全与员工进谏行为［J］．工业工程与管理，2018，23（2）：152-158.
[49] 孙珂，丁桂凤，古纯文．大学生对创业失败的内隐污名效应［J］．中国心理卫生杂志，2015，29（5）：389-394.
[50] 孙晓冬，汪玲．失败恐惧研究述评［J］．心理科学进展，2007（4）：637-641.
[51] 唐翌．团队心理安全、组织公民行为和团队创新——一个中介传导模型的实证分析［J］．南开管理评论，2005，8（6）：24-29.

[52] 唐朝永，陈万明，胡恩华．心理资本、心理安全感与失败学习［J］．软科学，2014，28（8）：70-74.

[53] 王林雪，张娜．中层管理者视角下企业探索性内创业的驱动因素研究［J］．研究与发展管理，2017，29（2）：10-19.

[54] 王世强，徐广平．基于创新创业人才培养的高校创业文化体系构建［J］．企业研究，2019（2）：48-49.

[55] 王朝晖．悖论式领导如何让员工两全其美？——心理安全感和工作繁荣感的多重中介作用［J］．外国经济与管理，2018，40（3）：107-120.

[56] 王忠诚．企业内心理安全的概念厘定、测量及前后影响研究［J］．人力资源管理，2016（8）：222-224.

[57] 王忠诚，杨建锋．伦理型领导、心理安全与员工创新行为的关系研究［J］．东岳论丛，2018，39（8）：118-125.

[58] 王重鸣，胡洪浩．创新团队中宽容氛围与失败学习的实证研究［J］．科技进步与对策，2015，32（1）：18-23.

[59] 文亮，李海珍．中小企业创业环境与创业绩效关系的实证研究［J］．系统工程，2010，28（10）：67-74.

[60] 吴建祖，曾宪聚．中层管理者在企业内部创业过程中的战略作用［J］．管理学家（学术版），2012（5）：78-80.

[61] 吴建祖，李英博．感知的创业环境对中层管理者内部创业行为的影响研究［J］．管理学报，2015，12（1）：111-117.

[62] 吴志平，陈福添．中国文化情境下团队心理安全气氛的量表开发［J］．管理学报，2011，8（1）：73-80.

[63] 现代汉语词典 2020 增补本［Z］．北京：商务印书馆，2002.

[64] 谢雅萍，陈睿君．创业失败复原研究现状探析与未来展望［J］．科技进步与对策，2018，35（3）：153-160.

[65] 徐广平，张金山，杜运周．环境与组织因素组态效应对公司创业的影响——一项模糊集的定性比较分析［J］．外国经济与管理，2020，42（1）：3-16.

[66] 杨金定，苏赞璇，陈卫旗．企业内创业影响因素及效应机制分析［J］．广州大学学报：自然科学版，2018，17（3）：90-95.
[67] 杨敏禧．心理安全气氛与学习行为对组织学习的影响［D］．云林：国立云林科技大学，2002.
[68] 杨齐．伦理型领导、组织认同与知识共享：心理安全的调节中介作用［J］．华东经济管理，2014，28（1）：123-127.
[69] 杨霞，李雯．伦理型领导与员工知识共享行为：组织信任的中介作用和心理安全的调节效应［J］．科技进步与对策，2017，34（17）：143-147.
[70] 叶仁荪，倪昌红，廖列法．领导信任、群体心理安全感与群体离职——基于群体互动视角的分析［J］．经济管理，2016，38（5）：87-97.
[71] 于晓宇，胡芝甜，陈依，等．从失败中识别商机：心理安全与建言行为的角色［J］．管理评论，2016，28（7）：154-164.
[72] 于晓宇，陶向明，李雅洁．见微知著？失败学习、机会识别与新产品开发绩效［J］．管理工程学报，2019，33（1）：51-59.
[73] 于晓宇，杨俊，厉杰，等．失败管理：破解不确定环境下创新创业成功的密码［J］．研究与发展管理，2019，31（4）：1-3.
[74] 余维新，熊文明．领导委派如何影响中层管理者内创业行为——积极追随力与多任务时间取向的调节作用［J］．科技进步与对策，2020，37（23）：144-155.
[75] 张海涛，肖岚，张建军．建设性自恋型领导对员工内创业行为影响的跨层机制研究［J］．科技进步与对策，2021，23（6）：1-8.
[76] 张军成．谦卑型领导对员工建言行为的影响：心理安全感与主动型人格的作用［J］．商业经济与管理，2016（11）：25-33.
[77] 张巧巧．谦卑型领导对员工组织认同的影响机制研究［D］．杭州：浙江财经大学，2018.
[78] 张燕，解蕴慧，王泸．组织公平感与员工工作行为：心理安全感的中介作用［J］．北京大学学报：自然科学版，2015，51（1）：180-186.

[79] 张永军，廖建桥，张可军．成就目标导向、心理安全与知识共享意愿关系的实证研究［J］．图书情报工作，2010，54（2）：104-108.

[80] 张志明，汪荟萃．谦逊型领导对员工反馈规避行为的影响——学习目标导向与宽容氛围的作用［J］．沈阳大学学报：社会科学版，2020，22（1）：42-47.

[81] 赵庆波，封展旗．鼓励冒险和允许失败——谈知识管理的企业文化［J］．科技进步与对策，2002，19（6）：69-70.

[82] 朱秀梅，王天东．创业者幽默如何激发团队创业激情？——团队心理安全和团队情感承诺的多重中介作用［J］．经济管理，2019，41（6）：75-90.

[83] 邹艳春，印田彬．多层次视角下的心理安全研究评述［J］．中国人力资源开发，2017（4）：66-75，121.

[84] Alipour F，Idris K，Ismail I A，et al. Intrapreneurship in learning organizations：moderating role of organizational factors［J］. Journal of American Science，2011，7（11）：141-150.

[85] Antoncic B A，Hisrich R D. Intrapreneurship：construct refinement and cross-culture validation［J］. Journal of Business Venturing，2001，16（5）：495-527.

[86] Ashauer S A，Macan T. How can leaders foster team learning? Effects of leader-assigned mastery and performance goals and psychological safety［J］. The Journal of psychology，2013，147（6）：541-561.

[87] Atwater L，Carmeli A. Leader-member exchange，feelings of energy，and involvement in creative work［J］. The Leadership Quarterly，2009，20（3）：264-275.

[88] Baer M，Frese M. Innovation is not enough：climates for initiative and psychological safety，process innovations，and firm performance［J］. Journal of Organizational Behavior，2003，24（1）：45-68.

[89] Behfar K J，Friedman R，Oh S H. Impact of team（dis）satisfaction and

psychological safety on performance evaluation biases [J]. Small Group Research, 2016, 47 (1): 77-107.

[90] Bird B. Implementing entrepreneurial ideas: the case for intention [J]. Academy of Management Review, 1988, 13 (3): 442-453.

[91] Bosk C L. Forgive and remember: managing medical failure [M]. Chicago: University of Chicago Press, 2003.

[92] Bresman H, Zellmer-Bruhn M. The structural context of team learning: effects of organizational and team structure on internal and external learning [J]. Organization Science, 2013, 24 (4): 1120-1139.

[93] Bright B S, Exline J J. Forgiveness at four levels: intrapersonal, relational, organizational, and collective group [J]. Handbook of Positive Organizational Scholarship, 2011: 244-259.

[94] Brown S P, Leigh T W. A new look at psychological climate and its relationship to job involvement, effort, and performance [J]. Journal of Applied Psychology, 1996, 81 (4): 358-368.

[95] Bruno A V, Mcquarrie E F, Torgrimson C G. The evolution of new technology ventures over 20 years: patterns of failure, merger, and survival [J]. Journal of Business Venturing, 1992, 7 (4): 291-302.

[96] Byung-Jik Kim, Sungjin Park, Tae-Hyun Kim. The effect of transformational leadership on team creativity: sequential mediating effect of employee's psychological safety and creativity [J]. Asian Journal of Technology Innovation, 2019, 27 (1): 90-107.

[97] Cameron K S, Bright D, Caza A. Exploring the relationships between organizational virtuousness and performance [J]. American Behavioral Scientist, 2004, 47 (6): 766-90.

[98] Cannon M D, Edmondson A C. Failing to learn and learning to fail (intelligently): how great organizations put failure to work to innovate and improve [J]. Long Range Planning, 2005, 38 (3): 299-319.

[99] Carmeli A, Brueller D, Dutton J E. Learning behaviours in the workplace: the role of high-quality interpersonal relationships and psychological safety [J]. Systems Research and Behavioral Science, 2009, 26 (1): 81-98.

[100] Carmeli A, Gittell J H. High-quality relationships, psychological safety, and learning from failures in work organizations [J]. Journal of Organizational Behavior, 2009, 30 (6): 709-729.

[101] Carmeli A. Social capital, psychological safety and learning behaviours from failure in organisations [J]. Long Range Planning, 2007, 40 (1): 30-44.

[102] Carmeli A, Zisu M. The relational underpinnings of quality internal auditing in medical clinics in Israel [J]. Social Science & Medicine, 2009, 68 (5): 894-902.

[103] Chandrasekaran A, Mishra A. Task design, team context, and psychological safety: an empirical analysis of R&D projects in high technology organizations [J]. Production and Operations Management, 2012, 21 (6): 977-996.

[104] Chughtai A A. Servant leadership and follower outcomes: mediating effects of organizational identification and psychological safety [J]. The Journal of Psychology, 2016, 150 (7): 866-880.

[105] Collins C J, Smith K G. Knowledge exchange and combination: the role of human resource practices in the performance of high-technology firms [J]. Academy of Management Journal, 2006, 49 (3): 544-560.

[106] Collins O F, Unwalla D B, Moore D G. The enterprising man [M]. East Lansing, MI: Michigan State University, 1964: 103-105.

[107] Cope J. Entrepreneurial learning from failure: an interpretative phenomenological analysis [J]. Journal of Business Venturing, 2011, 26 (6): 604-623.

[108] Covin J G, Slevin D P. A conceptual model of entrepreneurship as firm be-

havior [J]. Entrepreneurship Theory and Practice, 1991, 16 (1): 7-26.

[109] Cox S S. An investigation of forgiveness climate and workplace outcomes [J]. Academy of Management Proceedings, 2011 (1): 1-6.

[110] Cybert R M, March J G. A behavioral theory of the firm [J]. Englewood cliffs: Prentice-Hall, 1963, 7 (4): 291-302.

[111] Dahlin K, Chuang Y T, Roulet T. Opportunity, motivation and ability to learn from failures and errors: review, synthesis, and the way forward [J]. Acallemy of Management Annals, 2018, 12 (1): 252-277.

[112] Detert J R, Burris E R. Leadership behavior and employee voice: is the door really open? [J]. Academy of Management Journal, 2007, 50 (4): 869-884.

[113] Drucker P F. Innovation and entrepreneurship [M]. New York: Harper & Row, 1985.

[114] Duobiene J, Pundziene A. Development of entrepreneurial organizational culture [J]. Economics and Management, 2007 (12): 507-515.

[115] Edmondson A C, Lei Z. Psychological safety: the history, renaissance, and future of an interpersonal construct [J]. Annual Review of Organizational Psychology and Organizational Behavior, 2014, 1 (1): 23-43.

[116] Edmondson A. Managing the risk of learning: psychological safety in work teams [J]. Organization Science, 2002 (13): 128-146.

[117] Edmondson A. Psychological safety and learning behavior in work teams [J]. Administrative Science Quarterly, 1999, 44 (2): 350-383.

[118] Eisgruber C L, Sager L G. Religious freedom and the constitution [M]. Cambridge: Harvard University Press, 2009.

[119] Faraj S, Yan A. Boundary work in knowledge teams [J]. Journal of Applied Psychology, 2009, 94 (3): 604.

[120] Farson R, Keyes R. The failure-tolerant leader [J]. Harvard Business Review, 2002, 80 (8): 64-71, 148.

[121] Fehr R, Gelfand M J. The forgiving organization: a multilevel model of forgiveness at work [J]. Academy of Management Review, 2012, 37 (4): 664-688.

[122] Goodstein J, Butterfield K D. Extending the horizon of business ethics: restorative justice and the aftermath of unethical behavior [J]. Business Ethics Quarterly, 2010, 20 (3): 453-480.

[123] Haase H, Franco M, Felix M. Organizational learning and intrapreneurship: evidence of interrelated concepts [J]. Leadership & Organization Development Journal, 2015, 36 (8): 906-926.

[124] Harper S R, White C D. The impact of member emotional intelligence on psychological safety in work teams [J]. Journal of Behavioral & Applied Management, 2013, 15 (1): 2-10.

[125] Hayward M L A. When do firms learn from their acquisition experience? Evidence from 1990 to 1995 [J]. Strategic Management Journal, 2002, 23 (1): 21-39.

[126] Hood A C, Bachrach D G, Zivnuska S, et al. Mediating effects of psychological safety in the relationship between team affectivity and transactive memory systems [J]. Journal of Organizational Behavior, 2016, 37 (3): 416-435.

[127] Hornsby J S, Kuratko D F, Zahra S A. Middle managers' perception of the internal environment for corporate entrepreneurship [J]. Journal of Business Venturing, 2002, 17 (3): 253-273.

[128] Hornsby. The dynamics of product innovation and firm competences [J]. Strategic Management Journal, 2002, 23 (12): 1095-1121.

[129] Hutchison-Krupat J, Chao R O. Tolerance for failure and incentives for collaborative innovation [J]. Production and Operations Management, 2014, 23 (8): 1265-1285.

[130] Kahn W A. Psychological conditions of personal engagement and disen-

gagement at work [J]. Academy of Management Journal, 1990, 33 (4): 692-724.

[131] Kark R, Carmeli A. Alive and creating: the mediating role of vitality and aliveness in the relationship between psychological safety and creative work involvement [J]. Journal of Organizational Behavior: The International Journal of Industrial, Occupational and Organizational Psychology and Behavior, 2009, 30 (6): 785-804.

[132] Kessel M, Kratzer J, Schultz C. Psychological safety, knowledge sharing, and creative performance in healthcare teams [J]. Creativity and Innovation Management, 2012, 21 (2): 147-157.

[133] Kim N Y. Linking individuation and organizational identification: mediation through psychological safety [J]. The Journal of Social Psychology, 2020, 160 (2): 216-235.

[134] Kirkman B L, et al. Global organizational communities of practice: the effects of nationality diversity, psychological safety, and media richness on community performance [J]. Human Relations, 2013, 66 (3): 333-362.

[135] Kocjancic J, Bojnec S. Intrapreneurship, competition and company efficiency [J]. Managing Global Transitions, 2013, 11 (2): 161.

[136] Kostopoulos K C, Bozionelos N. Team exploratory and exploitative learning: psychological safety, task conflict, and team performance [J]. Group & Organization Management, 2011, 36 (3): 385-415.

[137] Kruzich J M, Mienko J A, Courtney M E. Individual and work group influences on turnover intention among public child welfare workers: the effects of work group psychological safety [J]. Children and Youth Services Review, 2014 (42): 20-27.

[138] Leroy H, Dierynck B, Anseel F, et al. Behavioral integrity for safety, priority of safety, psychological safety, and patient safety: a team-level study [J]. Journal of Applied Psychology, 2012, 97 (6): 1273-1281.

[139] Leung K, Deng H, Wang J, et al. Beyond risk-taking: effects of psychological safety on cooperative goal interdependence and prosocial behavior [J]. Group & Organization Management, 2015, 40 (1): 88-115.

[140] Lewicki R J, Barry B, Saunders D M. Essentials of negotiation [M]. New York: McGraw-Hill Education, 2016.

[141] Liang J, Farh C I C, Farh J L. Psychological antecedents of promotive and prohibitive voice: a two-wave examination [J]. Academy of Management Journal, 2012, 55 (1): 71-92.

[142] Madsen P M , Desai V. Failing to learn? The effects of failure and success on organizational learning in the global orbital launch vehicle industry [J]. Academy of Management Journal, 2010, 53 (3): 451-476.

[143] Martin A J. Motivation and academic resilience: developing a model of student enhancement [J]. Australian Journal of Education, 2002, 46 (1): 34-49.

[144] May D R, Gilson R L, Harter L M. The psychological conditions of meaningfulness, safety and availability and the engagement of the human spirit at work [J]. Journal of Occupational and Organizational Psychology, 2004, 77 (1): 11-37.

[145] McGrath R G. Falling forward: real options reasoning and entrepreneurial failure [J]. Academy of Management review, 1999, 24 (1): 13-30.

[146] Moore J H, Wang Z M. Mentoring top leadership promotes organizational innovativeness through psychological safety and is moderated by cognitive adaptability [J]. Frontiers in Psychology, 2017 (8): 318.

[147] Moriano J A, Molero F, JP L M. Authentic leadership: concept and validation of the ALQ in Spain [J]. Psicothema, 2011, 23 (2): 336-341.

[148] Nembhard I M, Edmondson A C. Making it safe: the effects of leader inclusiveness and professional status on psychological safety and improvement efforts in health care teams [J]. Journal of Organizational

Behavior, 2006, 27 (7): 941-966.

[149] Nguyen B, Chen J, De Cremer D. When new product development fails in China: mediating effects of voice behaviour and learning from failure [J]. Asia Pacific Business Review, 2017, 23 (4): 559-575.

[150] Pearsall M J, Ellis A P J. Thick as thieves: the effects of ethical orientation and psychological safety on unethical team behavior [J]. Journal of Applied Psychology, 2011, 96 (2), 401-411.

[151] Politis D, Gabrielsson J. Entrepreneurs' attitudes towards failure: an experiential learning approach [J]. International Journal of Entrepreneurial Behavior and Research, 2009, 15 (4): 364-383.

[152] Ren C R, Guo C. Middle managers' strategic role in the corporate entrepreneurial process: attention-based effects [J]. Journal of Management, 2011, 37 (6): 1586-1610.

[153] Richard H J, Oldham G. Motivation through the design of work: test of a theory [J]. Organizational Behavior and Human Performance, 1976, 16 (2): 250-279.

[154] Schein E H, Bennis W C. Personal and organizational change through group methods [M]. New York: Wiley, 1965.

[155] Schollhammer H. Internal corporate entrepreneurship [J]. Encyclopedia of Entrepreneurship, 1982 (209): 223.

[156] Schulte M, Cohen N A, Klein K J. The coevolution of network ties and perceptions of team psychological safety [J]. Organization Science, 2012, 23 (2): 564-581.

[157] Shepherd D A, et al. How does project termination impact project team members? Rapid termination, 'creeping death ' and learning from failure [J]. Journal of Management Studies, 2014, 51 (4): 513-546.

[158] Shepherd D A, Patzelt H, Wolfe M. Moving forward from project failure: negative emotions, affective commitment and learning from experience

[J]. Academy of Management Journal, 2012, 54 (6): 1229-1259.

[159] Shepherd D A, Wiklund J, Haynie M. Moving forward: balancing the financial and emotional costs of business failure [J]. Journal of Business Venturing, 2009, 24 (1): 134-148.

[160] Shin S J, Zhou J. Transformational leadership, conservation, and creativity: evidence from Korea [J]. Academy of Management Journal, 2003, 46 (6): 703-714.

[161] Siemsen E, Roth A V, Balasubramanian S, et al. The influence of psychological safety and confidence in knowledge on employee knowledge sharing [J]. Manufacturing & Service Operations Management, 2009, 11 (3): 429-447.

[162] Singh B, Winkel D E, Selvarajan T T. Managing diversity at work: does psychological safety hold the key to racial differences in employee performance? [J]. Journal of Occupational and Organizational Psychology, 2013, 86 (2): 242-263.

[163] Suddaby R, Bruton G D, Si S X. Entrepreneurship through a qualitative lens: insights on the construction and/or discovery of entrepreneurial opportunity [J]. Journal of Business Venturing, 2015, 30 (1): 1-10.

[164] Tjosvold D, Yu Z Y, Hui C. Team learning from mistakes: the contribution of cooperative goals and problem - solving [J]. Journal of Management Studies, 2004, 41 (7): 1223-1245.

[165] Tsui A S, Pearce J L, Porter L W, et al. Alternative approaches to the employee-organization relationship: does investment in employees pay off? [J]. The Academy of Management Journal, 1997, 40 (5): 1089-1121.

[166] Tucker A L, Nembhard I M, Edmondson A C. Implementing new practices: an empirical study of organizational learning in hospital intensive care units [J]. Management Science, 2007, 53 (6): 894-907.

[167] Tynan R. The effects of threat sensitivity and face giving on dyadic psychological safety and upward communication [J]. Journal of Applied Social

Psychology, 2005, 35 (2): 223-247.

[168] Ucbasaran D, Shepherd D A, Lockett A. Life after business failure: the process and consequences of business failure for entrepreneurs [J]. Journal of Management, 2013, 39 (1): 163-202.

[169] Ucbasaran D, Westhead P, Wright M, et al. The nature of entrepreneurial experience, business failure and comparative optimism [J]. Journal of Business Venturing, 2010, 25 (6): 541-555.

[170] Walters K N, Diab D L. Humble leadership: implications for psychological safety and follower engagement [J]. Journal of leadership studies, 2016, 10 (2): 7-18.

[171] Walumbwa F O, Schaubroeck J. Leader personality traits and employee voice behavior: mediating roles of ethical leadership and work group psychological safety [J]. Journal of Applied Psychology, 2009, 94 (5): 1275-1286.

[172] Tu Y, Lu X, Choi J N, et al. Ethical leadership and team-level creativity: mediation of psychological safety climate and moderation of supervisor support for creativity [J]. Journal of Business Ethics, 2019, 159 (2): 551-565.

[173] Ge Y. Psychological safety, employee voice, and work engagement [J]. Social Behavior and Personality: An International Journal, 2020, 48 (3): 1-7.

[174] Zahra S A. Environment, corporate entrepreneurship, and financial performance: a taxonomic approach [J]. Journal of Business Venturing, 1993, 8 (4): 319-340.

[175] Zahra S A, Covin J G. Contextual influences on the corporate entrepreneurship-performance relationship: a longitudinal analysis [J]. Journal of Business Venturing, 1995, 10 (1): 43-58.

[176] Zahra S A, Filatotchev I, Wright M. How do threshold firms sustain corporate entrepreneurship? The role of boards and absorptive capacity [J].

Journal of Business Venturing, 2009, 24 (3): 248-260.

[177] Zhang Y, Fang Y, Wei K K, et al. Exploring the role of psychological safety in promoting the intention to continue sharing knowledge in virtual communities [J]. International Journal of Information Management, 2010, 30 (5): 425-436.

[178] Zhu J, Yao J, Zhang L. Linking empowering leadership to innovative behavior in professional learning communities: the role of psychological empowerment and team psychological safety [J]. Asia Pacific Education Review, 2019, 20 (4): 657-671.

PART 3

第三章

组织宽容失败及其对内创业影响的多案例研究

3.1 文献综述

3.1.1 组织宽容失败

组织宽容失败是指组织能够或者愿意承受负面的结果而不惩罚相关人员（Hutchison-Krupat et al.，2014）。这是一种甘冒风险、锐意进取的企业文化，倡导敢于试错、不怕失败、积极对待失败，并从失败中总结教训（赵庆波 等，2002）。因此，组织宽容失败与组织核心价值观、组织目标或实践等因素有关。

组织文化中，宽容、尊重、同情和自由等核心价值观是组织宽容失败氛围形成的基础。组织价值观是组织成员共同认可并遵守的行为指南（Schein，1990），当组织中的宽容、自由、沟通等价值观取得员工共识后，大家就会对失败持接纳和包容的态度，对失败者重新融入集体、恢复正常的人际关系给予支持（Goodstein et al.，2010），形成宽容失败的组织氛围。相反，在强调竞争、业绩和效率等价值观的组织中，大家通常对差错或失败难以接受，容易形成对他人的苛责态度。特别是当宽容被看作软弱的标志的时候，就更不利于组织宽容氛围的形成（Tripp et al.，2009）。因此，当组织实施以绩效为导向的考核制度与激励制度时，组织成员关注绩效目标和结果的达成，并竭力避免失败或损失，不利于组织宽容失败氛围的形成。

3.1.2 组织宽容失败对内创业的影响

目前，国内外有关组织宽容失败与内创业关系的研究比较少见，多数研究聚焦于宽容氛围与创新的关系。从个体层面来看，组织的宽容氛围能够使员工在不断创新的过程中，提升承担风险的能力，使员工勇于接受各种困难和挑战（王世强 等，2019），经历过失败学习的领导会对自身或者组织作出一定的改变和创新（Liu et al.，2019）。从团队层面来看，宽容氛围能够使团队成员更乐观积极，不浪费时间和精力去指责他人，从而改善了团队人际关系，成员彼此友好并相互信赖（王重鸣 等，2015）。而且，团队倡导的宽容态度使领导者和团队成员能够对彼此的错误和失败保持客观判断，允许团队成员持有不同的意见和观点，减少了领导者与成员、成员与成员的冲突，增强了团队凝聚力，促进了创新活动开展（丁晓斌，2016）。在组织层面，Hornsby（2002）指出，反对循规蹈矩、鼓励尝试的宽容氛围是一个企业实现创新的首要条件。于晓宇等人（2019）也认为，促进组织内创新的必要条件是组织宽容失败，并从失败中学习。由此可见，组织宽容失败是实现创新的基础。上述有关宽容氛围的文献综述为宽容失败与内创业关系的研究奠定了良好的基础。

3.1.3 组织宽容失败影响内创业的过程因素

失败恐惧是个体因预期自己可能无法达成某一目标而产生的消极情绪（孙晓冬 等，2007）。由于失败会产生污名效应（孙珂 等，2015），加上创新失败率高，所以人很容易对创新产生畏惧心理。在宽容氛围中，组织成员趋于保持积极、乐观的情绪，不再去抱怨或者指责当事人的错误（王重鸣 等，2015）。宽容氛围较差的团队，在工作中不允许员工犯错（丁晓斌 等，2016），这样会加重员工对失败的担忧和恐惧。员工越畏惧失败（Ekore et al.，2012），就越会对创新产生排斥和抗拒心理。敖雪（2018）认为，宽容氛围提倡员工互相沟通、互相学习以及互相帮助，对员工的差错有较高的容忍度，从而减少了员工对犯错受惩罚的担忧，给员工带来了心理安全感。心理安全感强有助于员工勇敢地面对错误和失败，减少成员彼此的猜忌，能促使员工在工作中提出合理化建议、参与创新活动、提升创新绩效等。

3.2 研究方法与设计

3.2.1 研究方法

本书采用多案例研究方法，主要是由于多案例研究能够捕捉翔实的资料和信息（Berg，2001），有助于分析新现象、新问题、新过程和新理论（毛基业 等，2010），也有利于从整体视角把握组织实践或组织变革过程中的关键特征（Yin，2003）。而且，相对于单案例研究，多案例研究更有助于得出普遍化结论（毛基业 等，2017）。

从研究对象来看，组织宽容失败对企业内创业活动的影响过程是具有情境化特征的。案例研究通过对典型案例的深入分析，建构变量的因果关系（Welch et al.，2011），回答关于实践变化过程和作用机理的问题，能够有效地展示研究过程的整体性、情境性和动态性。本书解答的关键问题包括“组织宽容失败的主要内容是什么?”“宽容失败是如何影响企业内创业活动的?”“组织的哪些策略会影响宽容失败对企业内创业的促进作用?”多案例研究不仅在回答“是什么”的问题上有较好的效果（王凤彬，2009），而且在回答“怎么样”的问题上，多案例研究通过比较、归纳和解释，确认新的结论能够不断被多个案例重复印证（Sieger et al.，2011），可以从多角度、多维度来提炼理论，提高研究的外部效度，使研究结论更具普适性且更精练（Eisenhardt et al.，2007）。

3.2.2 理论抽样与案例企业背景介绍

本书所选择的案例企业是正在开展内创业活动的企业，本书委托 YP 管理咨询公司筛选符合要求的样本企业，经过前期的企业背景调查和电话沟通后我们选择了 8 家企业。为了更好地回答研究问题，达到理论构建的目的，我们根据以下标准进行样本企业筛选：第一，案例的代表性。案例企业必须是正在开展组织内创业活动的企业，组织具有内创业相关策略和制度，而且内创业活动开展时间在 1 年以上，我们能够比较完整地追踪到组织开展内创业的过程和成效。第二，案例的多样性和对比性。为了进一步洞悉组织宽容失败氛围对企业内创业的影响，我们既考虑了多案例分析的复制逻辑，也考虑了案例间的差异性，包括企业所属行业、企业性质、企业文化等。第三，案例的完整性。要确保样本企业受访人愿意接受多轮访谈，并愿意提供较为完整和翔实的内部资料，便于我们获得更加丰富的原始素材，确保三角验证的实现。

根据上述标准，我们选择了 8 家企业中的 6 家企业作为样本企业，为提高理论饱和度，选取剩下的 2 家进行理论检验，发现这 2 家企业的访谈资料无法产生新的维度和概念，故判定其通过理论饱和度检验。我们将选定的 6 家企业分别命名为案例 A、B、C、D、E 和 F。案例和调研概况见表 3-1。

表 3-1　案例和调研概况

案例	A	B	C	D	E	F
创立时间	2011 年	2014 年	1998 年	2000 年	2014 年	2019 年
企业性质	民营	民营	民营	民营	民营	国有
所属行业	文化、体育和娱乐业	软件和信息技术服务业	文化、体育和娱乐业	科学研究和技术服务业	软件和信息技术服务业	文化、体育和娱乐业
企业规模	小型	小型	中型	中型	小型	中型
主营业务	娱乐营销策划	技术服务、计算机软件技术开发	广播电视节目制作和经营	企业管理咨询、经济贸易咨询	视频监控应用服务	出版、文化企业转型
企业文化	创造、极致、结果、协作、分享、勤奋	共享资源、共赢人生、共进未来	团结、创新、敬业、超越	以终为始，知行合一	知危、求进、实效、共赢	固本求新、弘文致远
访谈人数	9	4	4	3	4	3
访谈次数	2	2	2	2	2	2
二手资料	公司网站公开资料、公司刊物、媒体报道	公司网站公开资料、公司宣传资料	公司网站公开资料、人物专访、公司年报	公司网站公开资料、公司文件、媒体资料	公司网站公开资料、公司宣传资料	公司网站公开资料、公司宣传资料
访谈时长	309 分钟	120 分钟	194 分钟	158 分钟	87 分钟	143 分钟
访谈记录	78212 字	35170 字	58280 字	52108 字	26269 字	44425 字

3.3　调研过程与访谈对象

3.3.1　访谈提纲准备

访谈之前，我们针对企业创始人、主要行政部门负责人、项目负责人等设计相关问题。由于旨在了解组织宽容失败氛围对员工内创业的影响，所以，我们对高层管理者的访谈主要围绕公司的发展历程、组织文化、公司开展内创业的动因、公司在内创业方面的策略和措施、个人对宽容失败的理解和公司举措，以及成功内创业项目情况等方面展开；对项目负责人和员工的访谈主要围绕组织文化氛围、公司内创业策略或措施、个人萌生内创业想法的心理活动过程，以及影响个人采取内创业行动的因素等方面展开。

在调研过程中，我们主要采用半结构化的访谈方式，设定访谈框架以控制访谈的节奏和进度，同时鼓励访谈对象在轻松的访谈氛围中进行聊天式叙述。当发现一些新的问题以及有意义的现象或事件，我们会随时对上述问题进行调整和增补。在访谈资料整理过程中，针对一些尚有疑惑的问题以及与其他企业存在较大差别的情况，课题组增加了补充访谈环节，通过电话或微信回访等方式对相关信息作进一步梳理、确认并保证理解到位，以确保收集到的信息更加全面、真实，能够反映公司的实际情况。

3.3.2　数据收集

（1）二手资料

二手资料主要包括杂志、报纸与网络中关于企业的相关报道，企业刊物，上市公司的年报等。企业网站上的公开资料是让人们了解企业发展历程和动向的重要材料，包括企业的宣传介绍、新闻报道、经营业绩等。

（2）半结构化访谈

半结构化访谈是收集数据的重要手段。由于内创业活动具有内部化的特点，且外部公开资料非常缺乏，所以，只有通过深度访谈才能从公司和项目两个视角把握组织内创业活动的来龙去脉，了解之前理论中未涉及的新问题、新角度；而且，公开资料中企业内创业项目信息披露较少，也造成了访谈对象的选取难度很大。我们利用个人和单位的各类社会资源，并委托管理咨询公司去搜索符合样本筛选条件的企业。经过筛选，我们发现开展内创业活动的企业主要集中在文化传媒、教育与咨询、信息技术服务等人力资本密集型行业，而且，多数企业属于民营企业。实地调研时间为2017年4月至2019年11月，我们对6家案例企业进行了12次访谈，共计访谈27人次。其中，我们访谈企业创始人和高级管理者14人，访谈项目负责人13人，访谈平均用时40分钟，一般在20~60分钟，访谈总时长为1011分钟，访谈录音资料被整理成文字后总计294464字。补充访谈主要有两种情况：第一种情况是对在第一次调研中计划访谈但出于各种原因没有访谈成功的人员，采取电话访谈和微信访谈的形式进行追加访谈；第二种情况是对需要进一步了解和核实的问题，通过电话访谈或微信访谈的方式进行回访。

3.4 数据编码与数据分析

我们对访谈的6家案例企业的资料进行整合、质证，确保资料数据能真实反映企业开展内创业活动与员工参与内创业活动的全过程。在研究过程中，我们共获得时长约为17小时的访谈录音资料和6万字的二手文字资料（网站介绍、人物专访、公司文件、新闻报道等）。由于本书目的是探索组织宽容失败与内创业活动的关系，相关信息隐藏在内创业的推动者和参与者心中，访谈录音资料的重要性远大于二手文字资料。我们将二手文字资料作为背景信息载体，用于形成思维框架和访谈指引；将一手访谈录音资料作为主要的信息载体，运用扎根理论的方法进行编码分析。为了减小个人偏见的影响、保证编码的客观性，由课题组的一名教授和两位研究生组成编码小组，共同对原始资料和初始范畴进行审查。

我们先对访谈记录进行编码分析，并检验理论饱和度。依据程序化扎根理论的数据处理程序（Strauss et al.，1990），通过“开放性编码—主轴式编码—选择式编码”的编码过程对数据进行分析。为确保研究的信度和效度，编码过程严格遵循扎根理论的范畴归纳和模型构建步骤，对访谈录音资料进行概念化和范畴化。我们在数据与现有文献之间不断切换，一方面，运用现有的概念和理论来阐述数据，另一方面，用客观、审慎、批判的态度去分析数据，并洞察数据背后所蕴藏的意义，与现有的概念和理论进行对比，给出新的知识和理论。对于编码过程中存在争议的内容，我们在听取专家意见的基础上进行修订和删减，以提高编码的客观性。

3.4.1　开放式编码

开放式编码是将所得原始资料进行分解，通过不断比较和提问，发现资料中的异同，从而为材料所反映的现象贴上标签，使其逐渐概念化和范畴化。在这个过程中，我们要不断提出问题，比较资料的异同，并让逐步显现出的概念和范畴来指引理论抽样的方向，然后将新的资料与原有的资料和提炼的概念与范畴进一步进行比较，从而归纳出主要范畴。

根据开放式编码程序，本书对内创业访谈材料进行开放式编码分析。在编码之前先排除与研究无关的段落和章节，编号的规则为公司编号加语句编号。另外，为了降低研究者主观性因素的影响，由课题组的三位成员独立进行编码，尽量使用文本和受访者的原始语句作为标签（共得到437条原始语句）。然后是概念化的过程，即对这些原始语句进行整理和归纳，尽量采用“原生”规则命名初始概念，一共归纳了71个初始概念。其中有些语句可归纳出多个初始概念，通过对这些零散的概念进行比较和提炼，我们将指向共同核心概念的初始概念进行整理，形成34个核心概念，接着进行范畴化，将相似的核心概念进一步聚拢成为新的更高层次的节点，概念化过程中形成的核心概念则降为二级节点，最后凝练为17个范畴（见表3-2），然后我们进一步对范畴内涵进行界定（见表3-3）。通过上述过程得到的初始概念、核心概念和范畴体现了对案例材料中组织宽容失败与内创业关系的总结，通过对这些概念和范畴的有机整合，我们可以获得对组织宽容失败影响内创业过程的更全面、更深入的理解。

表 3-2　编码结构

初始概念	核心概念	范畴
工作环境宽松 k11	营造宽松气氛 K1	营造宽容氛围 KK1
容忍接纳各种差异 k12		
不以成败论英雄 k13		
鼓励员工主动试错 k21	包容探索试错 K2	
允许员工犯错 k22		
坦然面对失败 k31	承担失败损失 K3	承担失败责任 KK2
承担失败后果 k32		
员工共享利润收益 k41	责任分摊机制 K4	
公司承担主要风险 k42		
找出失败原因 k51	持续不断反思 K5	失败反思学习 KK3
建立重来的信心 k52		
及时复盘学习 k61	复盘学习迭代 K6	
快速学习迭代 k62		
技术资源 z11	内部资源投人 Z1	资源支持平台 ZZ1
财务资源 z12		
人才资源 z13		
行业技术资源 z21	引进外部资源 Z2	
外部人脉资源 z22		
创意来自公司或创始人 z31	委派制 Z3	项目推选机制 ZZ2
公司指定创业人选 z32		
创意来自员工 z41	赛马制 Z4	
项目优胜劣汰 z42		
利益捆绑在一起 z51	股权激励 Z5	激励约束机制 ZZ3
承担部分创业风险 z52		
进行成本核算 z61	独立核算 Z6	
以结果为导向 z62		
实施末位淘汰 z63		

续表

初始概念	核心概念	范畴
有前瞻性思维 l11	具有远见卓识 L1	愿景规划 LL1
敏锐的市场洞察力 l12		
明确目标规划 l21	明确目标规划 L2	
向下属传递思想 l31	激发员工士气 L3	鼓舞激发 LL2
调动员工积极性 l32		
重视员工需求 l41	个性化关怀 L4	
敢于冒险 l51	创新意识 L5	创新精神 LL3
乐于探索 l52		
不断有新想法 l61	追求创新 L6	
寻找解决问题的新方法 l62		
有自己的方向和目标 p11	自主意识 P1	自我驱动 PP1
自主决策 p12		
主动寻求机会 p21	积极主动 P2	
主动担当 p22		
尝试用新方法解决问题 p31	不断积极探索 P3	开拓冒险 PP2
经常有新想法 p32		
喜欢冒险 p41	敢于承担风险 P4	
追求高风险高回报 p42		
敢于表达自己 x11	畅所欲言 X1	人际安全 XX1
敢于认错 x12		
敢于指出问题 x21	人际冒险 X2	
不害怕得罪人 x22		
对组织有认同感 x31	共同信念 X3	认同信任 XX2
个人与组织价值观匹配 x32		
组织与员工相互成就 x41	相互信任 X4	
组织与员工相互尊重 x42		
员工有成就感 x51	成长发展 X5	成长归属 XX3
员工自我价值实现 x52		
员工有存在感 x61	情感归属 X6	
员工有归属感 x62		

续表

初始概念	核心概念	范畴
员工提出内创业项目申请 n11	参与内创业活动意向 N1	内创业意愿 NN1
员工找领导谈内创业想法 n12		
员工有兴趣去尝试 n21	内创业兴趣与激情 N2	
员工心中有创业激情 n22		
员工参与内创业项目 n31	参与内创业活动 N3	内创业行动 NN2
主动性高 n41	积极投入内创业活动 N4	
工作强度大 n42		
工作效率提高 n51	创造价值 N5	内创业绩效 NN3
团队规模扩大 n52		
给内外客户带来价值 n53		
为组织创造更大价值 n54		
培养员工自信心 n61	员工成长 N6	
主动开展工作 n62		
全方位提升能力 n63		

表 3-3　范畴内涵界定

主范畴	对应范畴	范畴内涵
宽容失败	营造宽容氛围	在组织中营造宽松的工作氛围，容忍和接纳员工的差异，鼓励和包容员工探索和试错，允许员工犯错，不以成败论英雄。属于组织宽容失败构成的条件要素
	承担失败责任	领导者对失败有心理预期，能够坦然面对失败，并愿意承担失败造成的损失，通过员工共享利润收益、公司承担主要风险的责任分摊机制，降低员工的失败风险。属于组织宽容失败构成的条件要素
	失败反思学习	通过持续不断地反思，找出失败原因，建立重新再来的信心，通过及时复盘，快速学习，适应市场发展和变化。属于组织宽容失败构成的条件要素

续表

主范畴	对应范畴	范畴内涵
创业赋能策略	资源支持平台	公司为孵化内创业项目提供良好的资源平台，包括充足的技术资源、财务资源和人才资源等内部资源，以及外部的行业技术资源、人脉资源等社会资源，是组织宽容失败推动内创业活动的情境要素。属于创业赋能策略的条件要素
	项目推选机制	组织中内创业项目的推选有两种机制：一是由公司或创始人将项目直接委派给指定人选进行内创业的委派制；二是项目创意由员工自发形成，员工通过参与公司内部竞标脱颖而出的赛马制。项目推选机制是组织宽容失败推动内创业活动的情境要素。属于创业赋能策略的条件要素
	激励约束机制	组织通过事业合伙人制、股权激励制等机制将员工利益与公司利益捆绑在一起，由员工和公司分享创业项目收益，创业风险主要由公司来承担；组织通过独立核算明晰责权，以结果为导向进行项目末位淘汰，形成项目风险约束机制。这一机制是组织宽容失败推动内创业活动的情境要素。属于创业赋能策略的条件要素
领导风格	愿景规划	领导者具有前瞻性思维以及敏锐的市场洞察力和快速响应能力，帮助组织做好愿景与目标规划，引领公司发展方向。领导者的愿景规划是组织宽容失败推动内创业活动的情境要素。属于领导风格的条件要素
	鼓舞激发	领导者鼓舞和激发员工斗志，主动向下属传递思想，调动员工积极性，重视员工需求，给予员工个性化关怀。领导者的鼓舞激发是组织宽容失败推动内创业活动的情境要素。属于领导风格的条件要素
	创新精神	领导者具有创新意识，乐于探索、敢于冒险、追求创新、不断有新想法、愿意寻找新方法来解决问题。领导者的创新精神是组织宽容失败推动内创业活动的情境要素。属于领导风格的条件要素
员工个性	自我驱动	员工有自己的方向和目标，具有较强的自主意识和内驱力，能够自主决策和自主发展，不断主动寻求机会，并主动承担压力和责任。员工的自我驱动是组织宽容失败推动内创业活动的情境要素。属于员工个性的条件要素
	开拓冒险	员工开拓进取，经常有新想法，愿意不断探索，尝试用新方法解决问题；喜欢冒险，追求高风险高回报，敢于承担风险和损失。员工的开拓冒险是组织宽容失败推动内创业活动的情境要素。属于员工个性的条件要素

续表

主范畴	对应范畴	范畴内涵
心理安全	人际安全	在组织中员工畅所欲言，敢于表达自己，勇于承认错误。而且员工敢于指出错误和问题，不害怕得罪人，敢说、敢做、敢认错，具有较高的人际安全感。人际安全是组织宽容失败推动内创业活动过程中人与组织的互动策略要素。属于心理安全的条件要素
	认同信任	员工与组织的价值观匹配，与组织有共同信念，对组织有认同感和信任感，组织与员工相互尊重、相互信任和相互成就。认同信任是组织宽容失败推动内创业活动过程中人与组织的互动策略要素。属于心理安全的条件要素
	成长归属	员工在组织中有存在感和归属感，能够实现自我价值、获得成就感，这是员工获得心理安全感的重要保障。成长归属是组织宽容失败推动内创业活动过程中人与组织的互动策略要素。属于心理安全的条件要素
内创业效果	内创业意愿	员工找领导谈内创业想法，提出内创业项目申请并积极关注内创业活动，有意向参与内创业活动；员工对创业有兴趣、有激情。内创业意愿是组织宽容失败推动内创业活动过程中的结果要素。属于内创业效果的条件要素
	内创业行动	员工主动参与内创业项目，主动性高，工作强度大。员工负责项目运营与管理，主导并推进内创业项目。内创业行动是组织宽容失败推动内创业活动过程中的结果要素。属于内创业效果的条件要素
	内创业绩效	内创业活动提高了员工工作效率、扩大了团队规模，不仅能给内外客户提供价值，还能为组织创造更大价值；同时，组织培养员工自信心，全方位提升员工能力，促使员工主动开展工作，壮大了人才队伍，形成组织人才池。内创业绩效是组织宽容失败推动内创业活动过程中的结果要素。属于内创业效果的条件要素

3.4.2 主轴式编码

我们按照主轴式编码的步骤，在开放式编码的基础上，依据具有理论基础的分析框架，将在开放式编码中得到的各个范畴进行组合，以明确范畴间的逻辑关系，归纳主范畴。在经典模型中，能够用其他范畴进行解释说明的事件范畴被称为主范畴，与主范畴有关而用来帮助了解主范畴的范畴被称为副范畴，主副范畴共同构建起范畴间紧密的逻辑关系。从本书的原始资料和开放式编码归纳的范畴来看，组织宽容失败对内创业活动的影响过程遵循“条件—互动—结果”的逻辑关系，即组织通过宽容失败来增强员工心理安全感，最终影响内创业活动效果。围绕这一逻辑关系，我们将开放式编码归纳的 17 个范畴，进一步提炼为 6 个主范畴，描述员工开展内创业活动的条件要素、互动策略要素以及结果要素，详见表 3-4。

表 3-4　主轴编码结果

类别	编号	主范畴	初始范畴
条件要素	1	宽容失败	营造宽容氛围、承担失败责任、失败反思学习
	2	创业赋能策略	资源支持平台、项目推选机制、激励约束机制
	3	领导风格	愿景规划、鼓舞激发、创新精神
	4	员工个性	自我驱动、开拓冒险
互动策略要素	5	心理安全	人际安全、认同信任、成长归属
结果要素	6	内创业效果	内创业意愿、内创业行动、内创业绩效

3.4.3　选择性编码

选择性编码就是在主范畴及其逻辑关系的指引下，提炼核心范畴，把它与其他范畴系统地整合起来，建构扎根理论模型，描绘整体行为现象（Strauss et al.，1990）。通过对原始材料、开放式编码、主轴式编码、分析备忘录等进行反复浏览、比较和分析，本书提炼的核心范畴是“组织宽容失败对内创业的影响机制”。组织通过营造宽容氛围、建立失败担责和反思学习制度等，帮助员工获得由人际安全、认同信任和成长归属构成的心理安全感，并且在资源支持平台、项目推选机制、激励约束机制等内创业赋能举措影响下，结合领导风格和员工个性等激活条件，最终从内创业意愿、行动和绩效三方面影响组织内创业活动，由此构建“组织宽容失败对内创业的影响机制”理论模型。

3.4.4　理论饱和度检验

理论饱和是指收集到的资料不再衍生新的理论洞见，无法揭示理论范畴新的特征。本书对另外两家企业相关资料进行开放式编码、主轴式编码以及选择式编码，发现所归纳的概念和范畴均已被现有范畴包含，没有新范畴。

因此，本书认为组织宽容失败对内创业的影响机制模型达到理论饱和标准。本书最终构建的组织宽容失败对内创业的影响机制模型如图 3-1 所示。

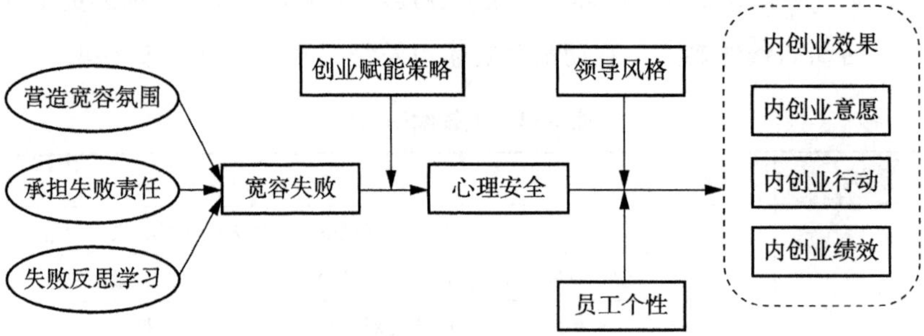

图 3-1　组织宽容失败对内创业的影响机制模型

3.4.5　跨案例比较研究

我们在对每个主范畴进行深入剖析的基础上，进行跨案例分析，对比不同企业宽容失败影响组织内创业过程中的条件、互动策略和结果要素的异同，并不断与现有理论进行比较，整个过程立足于案例数据，利用图表和关键要素打分来帮助分析（Danneels，2011），提炼稳健且全面的理论框架。

3.5　研究发现

3.5.1　宽容失败

在组织内创业过程中，员工很容易遭遇各种问题或失败，需要组织形成一种对失败宽容的氛围，允许员工犯错误，鼓励员工试错，为员工的差错或失败买单，同时，员工在失败后要及时反思、学习，为项目优化迭代积蓄力量。宽容失败可以帮助组织达成三个结果：第一，在事情充满不确定性时，员工敢干；第二，员工干完了，无论结果如何，组织都给予相应的激励和保障；第三，出现错误或失败，企业能快速复盘、及时修正、迅速优化迭代产品。因此，宽容失败包含营造宽容氛围、承担失败责任和失败反思学习三部分内容。宽容失败范畴和编码见表 3-5。

表 3-5　宽容失败范畴和编码

范畴	内容	A	B	C	D	E	F
营造宽容氛围 KK1	营造宽松气氛 K1	k11 k12 — [4]	k11 k12 k13 [5]	k11 k12 — [4]	k11 k12 — [4]	k11 k12 k13 [5]	k11 — — [2]
	包容探索试错 K2	k21* k22 [5]	k21* k22 [5]	— k22 [2]	k21 k22 [5]	k21 k22 [5]	— k22 [2]
营造宽容氛围条件要素显著性（要素合计/总分 10 分）		0.9	1	0.6	0.9	1	0.4
承担失败责任 KK2	承认失败损失 K3	k31 k32 [5]	k31 k32 [5]	k31 k32 [5]	k31 k32 [5]	k31 k32 [5]	— k32 [3]
	责任分摊机制 K4	k41 k42 [5]	k41 k42 [5]	k41 k42 [5]	k41 k42 [5]	k41 k42 [5]	— k42 [3]
承担失败责任条件要素显著性（要素合计/总分 10 分）		1	1	1	1	1	0.6
失败反思学习 KK3	持续不断反思 K5	k51 k52 [5]	k51 — [3]	k51 — [3]	k51 — [3]	k51 k52 [5]	k51 — [3]
	复盘学习迭代 K6	k61 — [3]	k61 k62 [5]	k61 — [3]	k61 k62 [5]	k61 k62 [5]	k61 k62 [5]
失败反思学习条件要素显著性（要素合计/总分 10 分）		0.8	0.8	0.6	0.8	1	0.8

注：表中 A、B、C、D、E、F 代表 6 个典型案例，相关案例方格中的编码为开放式编码中的初始概念，方格中出现相关初始概念编码，表明在该案例中可以识别到编码证据。“—”表示未识别到相关编码证据，“*”表示编码特别突出，效果加强，打分分值相应提高。依据数据结构（表 3-2）和文字材料进行跨案例初始概念化编码的 5 级制打分，具体按分值显示在“[ ]”中，5 为显著，4 为较显著，3 为中等，2 为不太显著，1 为不显著。

组织营造宽容氛围能够让员工对工作中的差错及失败保持客观态度，员工趋于保持积极乐观的情绪，很少会去抱怨或指责当事人的错误。案例中的 6 家企业，都致力于为员工构建宽松自由的工作环境和工作氛围，例如，案例 B 企业，主张无为而治，对员工没有制定太多规则；案例 A 企业提倡开放、包容、沟通的组织文化，讲人情味。案例 A、B、C、D、E 企业属于民营企业，工作环境开放、包容，能容纳员工的各种差异，而案例 F 为国有企业，工作氛围相对不够自由，员工比较安静、做事不出格，企业对员工差异包容度不高。此外，案例 B 和 E 企业淡化考核制度，提出“不以成败论英雄”，允许员工犯错，以锻炼员工能力、培养人才。案例 D 企业提出包容是有限度的，对原则性错误采取零容忍态度。组织要鼓励创新、营造宽容氛围，就要允许员工犯错、建立容错机制。案例 A、B、C、D、E 企业对失败都有合理的心理预期，允许员工犯错，而且对员工成长中出现的错误忽略不计。案例 A 和 B 企业鼓励员工主动试错，其中，案例 A 企业对员工创新持肯定态度，鼓励员工创新，强调小成本试错和持续试错，促进项目快速迭代，来寻找创新领域，抓住市场风口，保持强大的市场反应能力。案例 B 企业提倡勇于实践与尝试，提出要有敢于试错的心态而不是求稳。但是，试错也是有约束条件的，案例 A 企业认为试错要受到时间、现金流和利润条件的限制；案例 B 企业则鼓励员工尝试犯新错，拒绝员工犯已经犯过的错。

组织宽容失败仅靠营造宽容氛围是不够的，还需要组织接受失败并乐于为失败买单。只有与员工一起积极面对失败并且承担损失，组织才可能真正实现宽容失败。案例 A、B、C、D、E、F 企业都有正确面对失败并愿意承担损失的心态。案例 A 企业将失败看作交学费，认为失败造成的损失是创新过程中必须承担的费用。案例 C 企业明确提出公司为创业失败担责。案例 D 和 E 企业进一步确立了失败责任分摊机制，案例 D 企业承担内创业孵化风险，员工不需要投资，孵化成功后分享利润；案例 E 企业中，员工承担部分创业失败损失，员工个人损失并不大。而且，案例 D、E 企业为创业失败的员工提供二次创业或者轮岗、再培训等重新开始的机会，来降低员工的创业风险。由此可见，在案例企业中，主要由公司来承担创业失败的损失和责任，员工承担小部分责任，这帮助员工规避了风险，激发了员工参与内创业活动的热情。

宽容失败并不意味着对成功无所追求，而是提倡积极面对失败，并从失败中总结经验、吸取教训。组织需要促进员工对失败进行学习，让他们敢于失败，并学会从失败中反思。案例 A、B、C、D、E、F 企业都对失败进行了总结和学习。案例 A 企业认为要有重来的能力和信心；案例 B 企业指出员工需要思考失败的原因，找出项目的优缺点，并通过快速学习实现项目迭代升级；案例 D 企业认为员工需要对问题进行不断反思，并且要持续学习以适应发展；案例 E 企业对员工的错误进行复盘，及时修正；案例 F 企业经常组织员工对产品问题进行研讨、反思和总结，不断尝试优化和升级产品。

3.5.2　心理安全

在开展内创业过程中，市场环境不确定性和工作环境复杂性都容易引发员工的忧虑、不安甚至恐惧。为了确保内创业活动的顺利开展，组织需要关注员工的心理安全，促使员工愿意且勇于承担创新性工作任务。在内创业活动过程中，心理安全主要涵盖以下几方面内容：第一，个体对人际安全的可控性感知，比如员工在工作中发表言论和展示自我时，其言论不会受到大家嘲讽且自我形象、地位及职位不会受到负面影响。第二，个体在人际互动中体验到安全的程度，如他人是否会尊重或信任自己，员工是否相互信任、彼此尊重。第三，组织中一系列支持性管理手段要能够满足员工的成就感和归属感，帮助员工在组织中获得成长和发展。心理安全由人际安全、认同信任和成长归属三部分构成。心理安全范畴和编码见表 3-6。

在自由、开放、包容的组织文化氛围中，员工一般有良好的人际安全感。在案例 D 企业中，员工之间平等沟通，员工可以自由发表观点，在工作领域建言献策而不需要有所顾忌；在案例 C 企业中，员工敢于表达自己的想法，不必担心被领导和同事耻笑；在案例 E 企业中，大家都可以给别人挑毛病，大家不认为这是冒犯，也不担心个人的面子和威望受损，不存在不能说和不敢说的问题。但是，在案例 F 企业中，员工在人际交往方面比较谨慎，害怕得罪人，对人际交往有一定的心理负担。

表 3-6　心理安全范畴和编码

范畴	内容	A	B	C	D	E	F
人际安全 XX1	畅所欲言 X1	x11 — [3]	x11 — [3]	x11 — [3]	x11 x12 [5]	x11 x12 [5]	— — [0]
	人际冒险 X2	x21 — [3]	x21 — [3]	— — [0]	x21 x22 [5]	x21 x22 [5]	— — [0]
人际安全条件要素显著性（要素合计/总分 10 分）		0.6	0.6	0.3	1	1	0
认同信任 XX2	共同信念 X3	x31 x32 [5]	x31 x32 [5]	x31 — [2]	x31 x32 [5]	x31 — [2]	— x32 [3]
	相互信任 X4	x41 x42 [5]	— x42 [3]	— x42 [3]	x41 x42 [5]	x41 x42 [5]	x41 — [2]
认同信任条件要素显著性（要素合计/总分 10 分）		1	0.8	0.5	1	0.7	0.5
成长归属 XX3	成长发展 X5	x51 x52 [5]	K51 — [2]	K51 — [2]	x51 x52 [5]	x51 x52 [5]	K51 — [2]
	情感归属 X6	x61 x62 [5]	— x62 [3]	— — [0]	x61 x62 [5]	x61 x62 [5]	— x62 [3]
成长归属条件要素显著性（要素合计/总分 10 分）		1	0.5	0.2	1	1	0.5

注：表中 A、B、C、D、E、F 代表 6 个典型案例，相关案例方格中的编码为开放式编码中的初始概念，方格中出现相关初始概念编码，表明在该案例中可以识别到编码证据。“—”表示未识别到相关编码证据，“*”表示编码特别突出，效果加强，打分分值相应提高。依据数据结构（表 3-2）和文字材料进行跨案例初始概念化编码的 5 级制打分，具体按分值显示在“[]”中，5 为显著，4 为较显著，3 为中等，2 为不太显著，1 为不显著。

员工与组织相互信任、彼此尊重，能够帮助员工在组织或团队中获得安全感。案例 A 企业中，公司会帮助员工了解业务、了解公司理念、了解团队，从而构筑员工和组织之间的信任关系。案例 B 和 D 企业中，公司强调个人与组织价值观的匹配。在案例D企业中，所有引进的新员工，除了岗位基本要求之外，还要认同组织的价值观和管理模式；在案例B企业中，公司在招聘时，除了考察专业能力外，还设置了“闻味官”来甄别员工的气质是否与组织相符。案例D企业中公司希望形成共创的生态，大家可以报团取暖、优势互补、相互协作、相互成就，给孤独的创业者以温暖。

在大数据、人工智能、云计算等新兴技术快速发展的时代，员工需要持续学习，在组织中不断成长和发展，才能获得成就感、归属感和安全感。案例D企业中，员工在汽车行业中的创新性工作帮助他获得了成就感，实现了自我价值，并让他有了主人翁意识。案例E企业中，员工在创新过程中投入了感情和心血，所以更加认同公司的理念、文化和氛围，也增强了自信心和归属感。案例A和B企业都为员工提供很多成长和发展的机会，员工能力提升是职业安全的重要保障，有能力的员工不担心丢掉饭碗。案例A企业还提到心理安全并不意味着事事安全，成长带来的安全感才是真正意义上的安全感。在案例F企业中，企业虽然给员工提供了稳定的工作机会，看似非常安全，但是员工担心犯错，害怕不被认可，对组织缺乏认同，其实心理安全感并不高。

3.5.3 创业赋能策略

企业为了适应外部环境的迅速变化、鼓励员工创新、留住关键人才，开始在组织内部进行创业孵化。公司内部员工可以自行发现新的市场机会、研究新的技术或产品，向组织申请获得批准后，依靠公司的设施、技术、人力、资金、渠道等进行创新活动。组织为了推动内创业活动的开展，制定了一系列为创业赋能的计划、制度。在访谈案例中，组织采取的内创业赋能举措主要包括搭建资源支持平台、建立项目推选机制以及形成激励约束机制。创业赋能策略范畴和编码见表3-7。

表 3-7 创业赋能策略范畴和编码

范畴	内容	A	B	C	D	E	F
资源支持平台 ZZ1	内部资源投入 Z1	z11 z12 z13 [5]	z11 z12 z13 [5]	z11 z12 z13 [5]	z11 z12 z13 [5]	z11 z12 z13 [5]	— z12 — [2]
	引进外部资源 Z2	z21 z22 [5]	z21 z22 [5]	z21 — [2]	z21 z22 [5]	z21 z22 [5]	z21 — [2]
资源支持平台条件要素显著性（要素合计/总分 10 分）		1	1	0.7	1	1	0.4
项目推选机制 ZZ2	委派制 Z3	z31 z32 [5]	z31 z32 [5]	z31 z32 [5]	— — [0]	— — [0]	— — [0]
	赛马制 Z4	— — [0]	— — [0]	— — [0]	z41 z42 [5]	z41 z42 [5]	z41 z42 [5]
项目推选机制条件要素显著性（要素合计/总分 10 分）		0.5	0.5	0.5	0.5	0.5	0.5
激励约束机制 ZZ3	股权激励 Z5	z51 z52 [5]	z51 z52 [5]	— — [0]	z51 z52 [5]	z51 z52 [5]	— — [0]
	独立核算 Z6	z61 z62 — [4]	— z62 z63 [3]	— z62 — [2]	z61 z62 z63 [5]	z61 z62 z63 [5]	z61 — — [2]
激励约束机制条件要素显著性（要素合计/总分 10 分）		0.9	0.8	0.2	1	1	0.2

注：表中 A、B、C、D、E、F 代表 6 个典型案例，相关案例方格中的编码为开放式编码中的初始概念，方格中出现相关初始概念编码，表明在该案例中可以识别到编码证据。“—”表示未识别到相关编码证据，“ * ”表示编码特别突出，效果加强，打分分值相应提高。依据数据结构（表 3-2）和文字材料进行跨案例初始概念化编码的 5 级制打分，具体按分值显示在“ [ ] ”中，5 为显著，4 为较显著，3 为中等，2 为不太显著，1 为不显著。

组织内创业活动的开展依赖组织的资源投入，组织通常会整合内部资源和外部资源来实施内创业孵化。案例 A、B、C、D、E 企业大力扶持内部创业项目，在资金、技术、人力以及职能部门服务方面都给予支持。案例 E 企业给内创业项目团队提供 1000 万元的启动资金，后期还会根据项目评估结果进行持续投入。案例D企业整合内部资源和外部资源，把创业蛋糕做大，让大家共同获益。案例A企业引入外部资源，甄选外部行业专家参与企业内创业，成为联合创始人，将创业项目做成行业知名品牌。案例F企业为了扶持组织内创业活动，也给予了资金支持，每个项目一期投入20万元，资金投入力度较小，技术和人力等方面也主要依靠团队自身进行内外部协调。

组织为了保证内创业项目孵化的质量，通常会采用委派制和赛马制两种项目推选机制。案例A、B和C企业采用的是自上而下的委派制。在案例A企业中，公司创始人提出有关创业项目的想法，然后在公司内寻找合适的人选进行项目孵化，也会从外部引入联合创始人来共同孵化。案例B企业中，公司将看好的创业项目指派给能力卓越、表现优异的中层管理者，中层管理者通常比普通员工更具开阔的视野、优秀的管理能力和资源协调能力。案例D、E、F企业采用的是自下而上的赛马制。案例D企业鼓励所有员工提出创业项目申请，并通过内部竞投的方式让优秀的项目脱颖而出，获得公司资源的投入，同时，项目申请人和其他员工也可以投入资金并按投入比例获得相应的股权。案例E企业设立了创业项目的竞争机制，通过赛马制实现优胜劣汰，让优秀的项目获得更多资源投入，没有竞争力的项目被直接淘汰出局。案例F企业向全体员工公开征集创业项目，并且通过公司项目评审环节来确定要孵化的项目。从评审结果来看，获得公司资金投入的项目都是由部门负责人这个级别的员工来担任负责人，无论从项目创意和项目执行力来看，这些人都是担任创业团队领导者的合适人选。

为了有效运作内创业项目，组织都有明确的激励约束机制。为了让创业团队全身心投入项目，多数公司都采用了股权激励、利润分享等收益共享、责任共担的机制。在案例A、B、D、E企业中，公司对于内创业项目采用了股权激励的机制，其中，在案例A、B、E企业中，公司投入资金多，占股份的大头，员工投入资金比较少，占股份的小头。但是，在案例D企业中，如果是被普遍看好的项目，除了公司资金投入外，还有除项目成员以外其他员工的资金投入，员工所占股权比例相对较高。股权激励激发了员工的内创业热情，和外部创业相比，内创业能够获得更多组织资源投入，既降低了创业风险，又满足了员工渴望成就事业、获得丰厚物质回报的心理需求。在设计激励机制的同时，案例 A、D、E 和 F 企业都采取了独立核算、自主经营的管理制度。案例 D 企业采用独立核算，鼓励按劳分配、多劳多得，实行末位淘汰制，不仅项目负责人可以淘汰业绩不好的员工，员工也可以逆向淘汰业绩不良的团队。案例 E 企业以结果为导向，以业绩决定资源投入，让员工把内创业真正当成事业来干。

3.5.4 领导风格与员工个性

创始人是一家企业的灵魂。创始人的思想、理念、精神成为企业得以持续发展的“基因密码”。开展内创业活动的企业领导人通常具有远见卓识，通过阐述组织愿景与使命，增强下属对组织的认同感，使他们为集体利益作出努力，保持对工作的热情。领导能够为员工提供个性化的关怀，关注下属绩效的提升，关心下属当前和今后的成长，有利于下属自信心的提升。领导为下属完成工作提供资源支持，创造有利条件，鼓励员工表达自己的观点，有助于下属提升创造力，推动组织的改革与创新。在访谈案例中，企业领导人的领导风格基本都具备变革型领导的特征，特别表现在愿景规划、鼓舞激发和创新精神三方面。领导风格范畴和编码见表 3-8。

表 3-8 领导风格范畴和编码

范畴	内容	A	B	C	D	E	F
愿景规划 LL1	具有远见卓识 L1	l11 l12 [5]	l11 l12 [5]	l11 l12 [5]	l11 l12 [5]	l11 l12 [5]	l11 l12 [5]
	明确目标规划 L2	l21 [5]	l21 [5]	l21 [5]	l21 [5]	l21 [5]	l21 [5]
愿景规划条件要素显著性（要素合计/总分 10 分）		1	1	1	1	1	1

续表

范畴	内容	A	B	C	D	E	F
鼓舞激发 LL2	激发员工士气 L3	l31 l32 [5]	l31 l32 [5]	l31 l32 [5]	l31 l32 [5]	l31 l32 [5]	l31 l32 [5]
	个性化关怀 L4	l41 [5]	l41 [5]	l41 [5]	l41 [5]	l41 [5]	— [0]
鼓舞激发条件要素显著性（要素合计/总分 10 分）		1	1	1	1	1	0. 5
创新精神 LL3	创新意识 L5	l51 l52 [5]	l51 l52 [5]	— l52 [3]	l51 l52 [5]	l51 l52 [5]	— l52 [3]
	追求创新 L6	l61 l62 [5]	l61 — [3]	— l62 [2]	l61 l62 [5]	l61 l62 [5]	— l62 [2]
创新精神条件要素显著性（要素合计/总分 10 分）		1	0. 8	0. 5	1	1	0. 5

注：表中 A、B、C、D、E、F 代表 6 个典型案例，相关案例方格中的编码为开放式编码中的初始概念，方格中出现相关初始概念编码，表明在该案例中可以识别到编码证据。"—" 表示未识别到相关编码证据，" * " 表示编码特别突出，效果加强，打分分值相应提高。依据数据结构（表 3-2）和文字材料进行跨案例初始概念化编码的 5 级制打分，具体按分值显示在 " [ ] " 中，5 为显著，4 为较显著，3 为中等，2 为不太显著，1 为不显著。

企业领导人通常有理想、有目标、有坚定的信念，对市场有敏锐的洞察力和较强的判断能力，具有前瞻性思维，知道什么该做、什么不能做，能够给员工阐述愿景和规划，指引组织发展前行的方向。案例 A 企业中创始人敏锐地察觉到广告公关和数字化营销已经成为营销行业的红海，前瞻性地预见了影视娱乐行业的快速发展，开辟了影视娱乐垂直营销的蓝海。案例 B 企业中，由高层决定项目大方向，确定方向后再放手让下面的人去做。案例 D 企业中，公司核心团队发生了很大变化，这种变化是建立在整个公司大的战略基础之上的。案例 E 企业中，创始人会制定并向员工传达愿景规划，帮助员工树立信心，激发员工的创业热情。

企业领导人善于向员工传递思想，吸引员工追随组织的方向和目标，对员工展现个性化关怀，激发员工工作积极性和创业热情。案例 D 企业在做内创业变革时，有这样的一个口号，叫"不换脑袋就换人"。案例 E 企业中，公司为了激发员工的积极性，提供了多种激励方式。方式之一是调整薪酬比例，降低底薪的比例，提高绩效奖金所占比例，再加上股权价值，满足员工短期、中期以及长期的不同需求。员工可以根据自己的需求来选择不同的奖励内容。案例 C 企业针对 80 后、90 后员工更看重精神、自我价值实现的特征，倡导“精心与感动”的激励文化，给予员工即时反馈，满足员工个性化需求。案例 D 企业中，领导人关注员工的需求，将公司和员工的需求相结合，尽可能地激发员工的活力。

企业领导人敢于冒险、勇于创新、思维活跃、敢于探索、不断有新的想法产生，具有很强的创新意识和创新精神。案例 D 企业中，领导人面对快速发展的组织，不断学习、不断寻求变化和创新，使公司从一家资源型公司蜕变为内容型公司，这是个不断创新、蜕变的过程。案例 A 企业中，创始人认为传统营销是有边际的，受到各种束缚，但是影视娱乐产品是具有开放性的，可以让人去思考、去创新，其沟通和交流的对象是年轻人，表现形式应当生动。案例 E 企业中创始人尝试进行阿米巴式的组织变革，让公司有可孵化的、靠谱的项目，鼓励大家去尝试新事物，鼓励创新，把优秀的员工留下来。

在开展内创业活动的过程中，组织中涌现出一批具有自我驱动、开拓冒险精神的员工，他们愿意承担内创业的风险，积极投入组织的内创业活动，成为内创业孵化的领跑者、组织创新活力的源泉。员工个性范畴和编码见表 3-9。

表 3-9　员工个性范畴和编码

范畴	内容	A	B	C	D	E	F
自我驱动 PP1	自主意识 P1	p11 — [2]	p11 p12 [5]	p11 — [2]	p11 p12 [5]	p11 p12 [5]	— — [0]
	积极主动 P2	p21 — [3]	p21 — [3]	p21 — [3]	p21 p22 [5]	p21 p22 [5]	— p22 [2]
自我驱动条件要素显著性（要素合计/总分 10 分）		0.5	0.8	0.5	1	1	0.2

续表

范畴	内容	A	B	C	D	E	F
开拓冒险 PP2	不断积极探索 P3	p31 p32 [5]	p31 — [3]	p31 — [3]	p31 p32 [5]	p31 p32 [5]	— — [0]
	敢于承担风险 P4	p41 — [3]	p41 — [3]	p41 — [3]	p41 p42 [5]	p41 p42 [5]	— — [0]
开拓冒险条件要素显著性（要素合计/总分 10 分）		0.8	0.6	0.6	1	1	0

注：表中A、B、C、D、E、F代表6个典型案例，相关案例方格中的编码为开放式编码中的初始概念，方格中出现相关初始概念编码，表明在该案例中可以识别到编码证据。“—”表示未识别到相关编码证据，“*”表示编码特别突出，效果加强，打分分值相应提高。依据数据结构（表 3-2）和文字材料进行跨案例初始概念化编码的 5 级制打分，具体按分值显示在“[ ]”中，5 为显著，4 为较显著，3 为中等，2 为不太显著，1 为不显著。

员工在内创业过程中，可能会遇到风险障碍和重重阻力，如果缺乏坚定的决心、强大的信心和自我驱动意识，就很难坚持到最后并获得成功。自我驱动力强的员工更愿意主动发挥自己的能力，能对外部的变化尽快作出反应，对风险和困难的承受能力更高。案例 E 企业中，组织能够营造积极主动的文化氛围，探索和创新都是出于员工的自主意识。案例 B 企业中，在项目关键阶段，员工经常主动加班。如果有个创新项目，员工觉得自己符合某个岗位，或者主动想去干这个事情，对这个项目的理解比较深，就可以去申请加入。案例 E 企业中，公司找到项目负责人，由负责人自己寻找负责技术、产品、市场和财务的团队成员，组好团队后，就投资并开始运作。

参与内创业的员工往往具有高风险偏好特征，愿意承担更高的风险并敢于冒险，而具有低风险偏好特征的员工不太能接受创业的高风险。因此，进行内创业活动的人在某种程度上比其他人更有冒险精神和风险承受能力，在充满未知的情况下仍然敢于去尝试。案例 B 企业中，员工有目标、有理想，不断学习新知识、探索新领域、开展创新活动。案例 B 企业的领导者指出，因为创业项目本身有风险，所以创业也是一个双向选择过程。案例 C 企业中，不是所有的人都愿意去承担创业的压力。案例 E 企业中，有些员工不想去冒险，只想有更稳定的收入，这部分人很容易被淘汰出局。

3.5.5 内创业效果

内创业是员工在组织内部开拓新业务、开发新产品、研发新技术，并获得组织资源支持的创新活动。根据“意愿—行动—结果”模型，内创业效果可以从内创业意愿、内创业行为和内创业绩效三方面来考察。内创业效果范畴和编码见表 3-10。

表 3-10 内创业效果范畴和编码

范畴	内容	A	B	C	D	E	F
内创业意愿 NN1	参与内创业活动意向 N1	n11 — [5]	n11 — [5]	— n12 [5]	n11 — [5]	— n12 [5]	n11 — [5]
	内创业兴趣与激情 N2	n21 — [3]	n21 n22 [5]	n21 — [3]	n21 n22 [5]	n21 n22 [5]	n21 — [3]
内创业意愿条件要素显著性（要素合计/总分 10 分）		0.8	1	0.8	1	1	0.8
内创业行动 NN2	参与内创业活动 N3	n31 [5]	n31 [5]	n31 [5]	n31 [5]	n31 [5]	n31 [5]
	积极投入内创业活动 N4	n41 — [3]	n41 — [3]	n41 — [3]	n41 n42 [5]	n41 n42 [5]	n41 — [3]
内创业行动条件要素显著性（要素合计/总分 10 分）		0.8	0.8	0.8	1	1	0.3
内创业绩效 NN3	创造价值 N5	n51 n52 n53 n54 [5]	n51 n52 n53 — [3]	n51 n52 n53 — [3]	n51 n52 n53 n54 [5]	n51 n52 n53 n54 [5]	n51 n52 — — [2]
	员工成长 N6	n61 n62 n63 [5]	n61 n62 n63 [5]	n61 n62 n63 [5]	n61 n62 n63 [5]	n61 n62 n63 [5]	n61 n62 n63 [5]
内创业绩效条件要素显著性（要素合计/总分 10 分）		1	0.8	0.8	1	1	0.7

注：表中 A、B、C、D、E、F 代表 6 个典型案例，相关案例方格中的编码为开放式编码中的初始概念，方格中出现相关初始概念编码，表明在该案例中可以识别到编码证据。“—”表示未识别到相关编码证据，“*”表示编码特别突出，效果加强，打分分值相应提高。依据数据结构（表 3-2）和文字材料进行跨案例初始概念化编码的 5 级制打分，具体按分值显示在“[]”中，5 为显著，4 为较显著，3 为中等，2 为不太显著，1 为不显著。

内创业意愿是员工参与内创业活动的心理倾向。在案例 A、B、C、D、E、F 企业中，组织通过营造宽容失败氛围、提供创业孵化支持，增强员工参与内创业活动的意愿。在案例 A 企业中，员工会选择一个自己感兴趣的方向，并向公司提出项目申请。在案例 E 企业中，如果员工有自己特别想做的项目，他心中就会一直跳动着小火苗，只要时机到了，他就可以找领导去谈，然后员工就会义无反顾地投入项目。案例 B 企业中，员工有创业的心态，谁对某个项目感兴趣，谁就可以去做。项目启动后，员工能达到基本条件，就有尝试的机会，可以去申请做项目。在案例 F 企业中，由于没有成功的先例，员工自主权不够，所以申请项目的员工并不多。

内创业行为是指员工将内创业意愿转化为行动，表现为员工在组织中参与内创业活动。在案例 A 企业中，员工主动参与内创业项目的管理和运营。在案例 C 企业中，员工主导企业内创业项目，在条件成熟后自主经营公司。在案例 E 企业中，员工主动性高、投入大，有的员工还自愿降薪参与到项目中来。

内创业绩效是团队开展内创业活动取得的业绩情况，是衡量内创业团队创业目标完成情况的依据，也是判定内创业团队所进行的内创业实践是否获得成功的重要指标。在案例 A 企业中，内创业激活了员工的责任和担当意识，增强了员工信心，激发了员工的创造力，帮助员工实现了全方位成长。案例 C 企业中，员工业务能力提升很快，特别是青年员工成长很快。案例 D 企业中，员工不仅经营能力提升很快，综合能力也得到全方面提升，工作效率提高，团队规模扩大，为内外部客户创造了价值，也为组织创造了更大的价值，还为组织建设了人才梯队。案例 E 企业中，内创业活动锻炼了人才，帮助组织留住了优秀人才，实现了员工与组织共同成长，为组织创造了效益。

3.6 理论构建

3.6.1 编码结果与文献再回顾

在进行扎根理论研究的过程中，所有的内容都是数据，包括原始资料、研究者与研究对象的交互过程等。当实现理论饱和的时候，在已经梳理出的研究领域中进行文献查找以及文献回顾，可以在更深层次上对已成形的理论进行再认识，将通过扎根理论得到的相关范畴与现有的文献进行持续比较，从而判断所作研究在哪些方面能够与现有文献相呼应（Charmaz，1995），使得依据扎根理论方法构建出的理论模型更具有深度以及广泛的解释力（Glaser，1992）。

本书涉及的内容并不完全是新内容，所以需要将归纳出的概念或范畴和已有文献进行对比，来判断研究成果能否得到已有文献的支持。

（1）宽容失败

通过扎根理论的编码分析，本书归纳出的宽容失败由营造宽容氛围、承担失败责任和失败反思学习三部分内容构成。首先，营造宽容氛围能够促使员工对工作中的差错及失败保持客观态度（Kahn，1990）。Hornsby（2002）指出，支持创新实践、反对循规蹈矩、鼓励尝试的宽容氛围是一个企业实现内创业成功的首要条件。其次，宽容失败仅靠营造宽容氛围是不够的，还需要组织接受失败并乐于为失败买单（卢阳旭 等，2019）。最后，宽容失败并不意味着对成功无所追求，而是提倡积极面对失败，并从失败中总结经验、吸取教训（Dahlin et al.，2018）。

通过编码分析，我们发现组织宽容失败的内容较现有文献更为丰富，主要包括以下几方面：第一，组织管理者对创业过程中的失败有着较为合理的预期，这是组织能够包容失败的重要前提。第二，组织愿意承担失败的损失，但也有相应的约束条件。通过责任分摊机制，由组织来承担失败的主要责任，个人仅需负一小部分责任。此外，组织对待失败有快速止损机制，遇到问题及时喊停，以避免损失扩大。第三，组织在反思学习时的主要手段是复盘，及时复盘、持续学习，目的在于快速迭代和优化产品。这些通过扎根理论分析得出的研究结论拓展了组织宽容失败的内容，丰富了对内创业环境下组织氛围的研究。

（2）心理安全

以往的研究文献将心理安全划分为个体心理安全、团队心理安全和组织心理安全。个体心理安全是员工对在工作中发表言论和展示自我时，其言论不会受到大家嘲讽且自我形象、地位及职位不会受到负面影响的感知（Kahn，1990）。团队心理安全是指团队成员认为在团队内部承担人际风险是安全的，他们相信团队不会惩罚、为难或拒绝勇于表达真实意见的人（Edmondson，1999）。组织心理安全是指员工感知到组织中的支持性管理、清晰的角色定位和允许自我表达的氛围特征（Brown et al.，1996）。

通过编码分析，本书归纳出的心理安全由人际安全、认同信任和成长归属三部分内容构成，具体包括畅所欲言、人际冒险、共同信念、相互信任、成长发展和情感归属等。与以往的文献研究相比，我们在访谈中获取的心理安全内容涵盖范围更广，访谈资料中的案例企业通过营造宽容氛围、承担失败责任来使员工能够在工作中畅所欲言、不怕得罪人、不需要承受人际风险带来的心理压力；而且，企业通过组织宽容文化、以人为本的组织制度、股权激励制度来构建员工与组织的共同信念以及彼此尊重、相互信任的关系。此外，在创业型企业中，管理者一致认为员工在组织中的安全感并不仅来自工作稳定和收入稳定。员工通过积极投入工作、得到全方位成长，在组织中获得成就感和归属感，这才是真正意义上的心理安全感。员工可以不依附于组织而生存，能够自由选择工作。因此，相较于以往的文献，本书涉及的心理安全增加了成长发展和情感归属两方面的内容，表明在动荡的市场环境中，心理安全不再意味着静态的自在和稳定，而意味着动态的学习与发展。

（3）内创业效果

内创业是在组织内部开展的创新活动。从员工角度来衡量内创业水平的变量，主要有内创业意愿和内创业行为，但是，相关的实证研究比较少见。现有文献对内创业效果的衡量侧重在组织层面，主要从生存绩效、成长绩效和创新绩效几方面来进行衡量（文亮，2010）。

内创业意愿是衡量员工参与内创业活动的心理倾向，在访谈资料中具体表现为员工有兴趣去尝试、心中有创业激情，而且员工愿意找领导谈对内创业的想法并提交内创业项目申请等。内创业行为则表现为员工参与内创业活动，进行内创业项目的运营和管理。内创业绩效表现为价值创造和员工成长两方面。从访谈编码结果来看，本书对现有文献有两方面的拓展：第一，我们发现组织开展内创业活动增强了员工的内创业意愿，并促使员工积极采取内创业行动，但是，内创业失败率比较高，在财务绩效方面的表现好坏参半；第二，我们发现在内创业效果的评价中，企业通过开展内创业活动达到人才培养的目的，一方面充分激发员工的主动性和创新活力，另一方面锻造人才、留住人才，形成人才蓄水池，建立人才储备库。

（4）影响内创业效果的情境因素

从现有文献来看，企业的组织文化、制度设计、领导类型、员工特质等因素都会对组织的内创业产生显著的影响。首先，在组织中营造鼓励创新、宽容失败的氛围，对于员工的创新、创业成果给予相应的奖励与回报，能够有效地激励员工的内创业行为（Duobiene et al.，2007）。其次，在支持性的组织环境中，员工拥有更加充分的资源和自由来开展内创业活动（吴建祖 等，2015）。再次，领导风格对于组织内部工作运转方式和运作效率具有决定性作用，对企业内创业活动也会产生重要的影响（Jtuna et al.，2015）。开放、包容的领导风格会促进组织宽容失败氛围的形成。容忍失败的领导能够公开承认自己的错误，促使人们发现失败对成功的积极作用（Farson et al.，2002）。最后，员工的个人特征，如自我效能感、风险偏好等都会显著影响员工的内创业活动（王林雪 等，2017；Hornsby et al.，2002）。

从研究的编码结果来看，创业赋能策略、领导风格和员工个性对内创业活动的开展有着积极的影响。首先，创业赋能策略包括资源支持平台、项目推选机制和激励约束机制。以往的文献更多强调了支持性资源对内创业的影响作用。本次调研访谈的 6 家企业分别采取了委派制和赛马制两种创业项目推选方法。这两种推选方法各具特色，从内创业效果来看，赛马制这种自下而上的项目选拔方式能够更好地激发员工的创业热情和创新活力，调动员工的工作积极性。而且，内创业活动的开展必须要有相应的激励约束机制，案例企业在股权激励、事业合伙人制等方面进行了一些探索和尝试，为组织内创业活动提供了制度保障。其次，在编码分析过程中我们发现，领导的愿景规划、鼓舞激发和创新精神对员工内创业活动有积极的推动作用。访谈企业中的领导人和创始人都能够敏锐察觉市场变化趋势，有思想、有远见，预先制订愿景和规划，为企业指明发展方向，而且这些企业家都具备创新意识和冒险精神，能够体察员工的个性化需求，善于鼓舞和激励员工，这一结论与以往的研究结论比较一致。最后，从访谈资料的编码结果来看，具有自我驱动和开拓冒险精神的员工更愿意投入组织的内创业活动。其中，自我驱动特质在国内外文献中都较少被提及。可能的原因是，在中国本土组织情境中，员工往往在上级设定的框架内开展工作，比较被动、消极。内创业活动是自下而上的创新活动，需要员工积极、主动地参与，所以，自我驱动力强被认作内创业者的典型特征，在访谈中，相较于员工的创新和冒险精神，自我驱动精神被受访者更多地提及。

3.6.2　理论模型修正与阐释

（1）理论模型修正

我们通过扎根理论方法对 6 家样本企业的相关资料进行开放性编码、主轴编码和选择性编码，提炼出核心范畴“组织宽容失败对组织内创业的影响机制”，并进行跨案例比较分析，初步建立组织宽容失败影响内创业的过程模型。之后，我们将归纳出的概念和范畴与目前已有的文献进行比较，对原有理论模型进行修正，最终建立组织宽容失败对内创业的影响机制修正模型，如图 3-2 所示。修正后的理论模型与原有模型相比，主要差异是领导风格成为宽容失败与心理安全之间的调节变量。我们通过跨案例比较分析和文献再回顾发现，在内创业环境中，领导者的愿景规划、鼓舞激发和创新精神会对宽容失败的组织氛围起到强化作用，并通过心理安全对内创业效果产生影响。

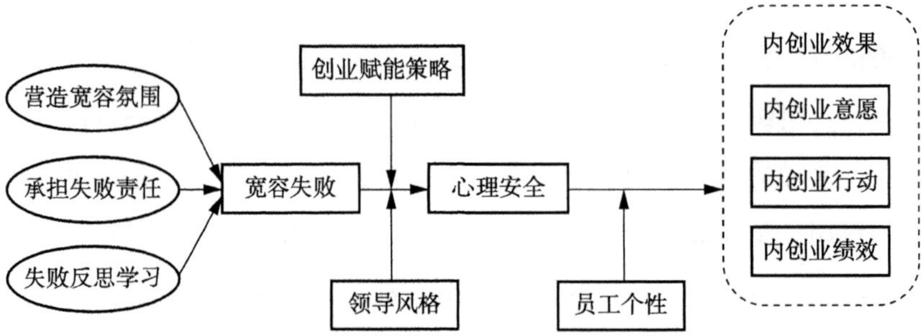

图 3-2　组织宽容失败对内创业的影响机制修正模型

（2）理论模型阐释

①组织宽容失败能够促进员工进行内创业。组织宽容失败由营造宽容氛围、承担失败责任和失败反思学习三部分内容构成。首先，营造宽容氛围是指组织营造宽松的工作氛围，能够包容和接纳差异，允许员工犯错并鼓励员工主动试错，不以成败论英雄。营造宽容氛围是组织实现内创业成功的首要条件。其次，承担失败责任是指组织能够坦然面对失败并承担主要的失败后果，通过责任分摊机制，让员工共享创业收益，却承担有限的创业风险，使员工从畏惧创业失败的情绪中解脱出来，积极投入内创业活动。最后，失败反思学习是指组织帮助员工找出失败原因，通过复盘反思和快速学习，建立重新再来的信心，实现产品的迭代和优化，最终提高内创业绩效。由此可见，组织宽容失败能够帮助员工不畏惧失败，勇于冒险、创新和试错，使员工及时从失败中反思学习，充分发挥自身的主动性和创新性，积极投入组织内创业活动。在宽容失败范畴的跨案例要素评分中，案例 A、B、D、E 企业的得分较高，而案例 C 企业和 F 企业的得分较低，相应地，案例 A、B、D、E 企业的内创业效果得分也相对较高，而案

例C企业和F企业的得分则偏低。由此可见，组织宽容失败对推动员工内创业活动有正向的影响。

②宽容失败会通过心理安全影响内创业。心理安全由人际安全、认同信任和成长归属三部分构成。组织宽容失败能够让员工敢于表达自己、敢于承认错误、敢于提出不同意见、畅所欲言、为组织献计献策而不用害怕得罪人，能够让员工对组织更有认同感和归属感，员工与组织相互理解、彼此尊重、相互信任、相互成就。组织帮助员工实现自我价值、获得成就感。因此，宽容失败对员工心理安全有正向影响。而且，心理安全能够让员工不畏惧错误和失败，敢于探索与尝试，摆脱对人际风险的担忧，集中精力干事业，充满热情地投入内创业。员工的价值感和成就感能让员工充满信心，克服内创业过程中的各种困难和障碍，实现良好的内创业绩效。因此，心理安全对内创业也具有积极的影响。在跨案例要素评分中，案例A、B、D、E企业在宽容失败、心理安全和内创业效果范畴上的得分较高，而案例C企业和F企业的得分都较低，由此可见，心理安全会影响组织宽容失败和内创业的关系。

③创业赋能策略强化了宽容失败与内创业的关系。创业赋能策略包括资源支持平台、项目推选机制和激励约束机制三部分内容。首先，组织为内创业提供良好的技术资源、财务资源、人力资源以及各种创业服务支持，为组织开展内创业创造良好的条件。案例企业在资源支持平台范畴上的得分与内创业效果范畴上的得分具有相关性。其次，项目推选机制包括自上而下的委派制和自下而上的赛马制两种形式。委派制的优势在于项目成功率比较高，但是不利于组织营造良好的创新氛围，不利于更多创新、创业的成果涌现。赛马制给予所有员工公平的机会，能够充分调动员工参与内创业的积极性和热情，有利于组织形成良好的创新文化氛围，而且，赛马制能够让优秀的项目脱颖而出。委派制和赛马制都是组织推动内创业的重要形式，对组织内创业活动的开展起到了促进作用，但是，从项目推选机制和内创业效果范畴的要素评分数据来看，实施赛马制的案例D企业和E企业内创业效果更好一些。最后，激励约

束机制是组织为了推进内创业活动所作的制度设计，保障员工与组织共同分享收益，同时，企业通过独立核算进一步明晰员工与组织的责权关系，让员工与组织的利益真正捆绑在一起，激发员工投入内创业活动的主动性和积极性，提高内创业绩效。从激励约束机制和内创业效果范畴的要素评分数据来看，两者具有相关性。由此可见，创业赋能策略能够促进组织的内创业活动。

④领导风格影响组织宽容失败与内创业的关系。领导风格包括愿景规划、鼓舞激发和创新精神三部分内容。企业领导者具有前瞻性思维，能够预先制订愿景和规划，不断探索与创新，并能够有效激发下属活力，调动员工积极性，激发员工参与内创业的热情。因此，追求变革创新的领导风格对组织内创业的开展有促进作用，而且，企业领导者特别是企业创始人也是组织宽容文化的缔造者、组织制度的设计者。由于在所有访谈企业中，领导风格范畴的要素评分比较接近，所以，很难通过评分数据来判断领导风格在组织宽容失败与内创业关系中的作用。

⑤员工个性影响宽容失败与内创业的关系。员工个性包括自我驱动和开拓冒险两方面。有些员工经常有新想法，喜欢探索与尝试，愿意承担风险，乐于追求高回报，所以，他们更愿意参加组织的内创业活动，同时，他们能够克服各种内创业的障碍，取得较好的业绩。从员工个性和内创业效果的要素评分数据看，两者具有相关性。此外，组织宽容失败带来的心理安全可能是把双刃剑，一方面组织宽容失败能够让员工不畏惧失败风险，更加认可和信任组织，更加有勇气和激情去参与内创业；另一方面，对于那些有打工心态、追求工作稳定的员工来说，宽容失败带来的安全感可能会使员工产生懈怠感、不能全身心投入内创业活动、不珍惜创业资源，对内创业绩效产生负面影响。因此，员工个性可能会影响心理安全在宽容失败和内创业绩效之间的中介作用。

3.7　研究结论与讨论

3.7.1　研究结论

本书基于扎根理论研究方法，选取6家样本企业和2家备选企业，经过对访谈数据的编码以及跨案例对比分析，得到如下研究结论。

第一，宽容失败由营造宽容氛围、承担失败责任和失败反思学习三部分内容构成。心理安全由人际安全、认同信任和成长归属三部分构成。创业赋能策略包括资源支持平台、项目推选机制和激励约束机制。领导风格包括愿景规划、鼓舞激发和创新精神。员工个性包括自我驱动和开拓冒险两方面。内创业效果包括内创业意愿、内创业行为和内创业绩效。

第二，组织宽容失败能够促进内创业活动的开展，而且，组织宽容失败通过心理安全对内创业产生积极的影响。创业赋能策略中的资源支持平台对组织宽容失败与内创业的关系起正向强化作用；项目推选机制对宽容失败与内创业的正向关系起强化作用，赛马制的作用更明显；激励约束机制会强化宽容失败与内创业的正向关系。此外，变革型领导风格会影响宽容失败与心理安全的关系，员工个性会影响心理安全与内创业的关系。

3.7.2　理论贡献

第一，本书阐释了组织宽容失败的概念和内涵，分析了组织宽容失败的内容和结构。宽容失败的思想根植于中国传统文化中，是国家、社会和企业倡导的创新文化的重要内容。在组织情境中，组织宽容失败是允许员工犯错并容忍员工的失误、鼓励员工积极面对失败的组织文化氛围。宽容失败不仅要在组织中营造谅解和容忍错误的氛围，还需要有为员工的错误担责的机制，否则，宽容失败不过是纸上谈兵，难以落到实处，也很难发挥对创新与创业的促进作用。本书构建的宽容失败三维模型为开展相关实证研究提供了理论基础。

第二，本书阐释了组织内创业赋能的关键策略。在组织宽容失败的氛围中，开展内创业活动需要有相关措施和制度的支持，除了为内创业活动提供充足的内外部资源、条件，还需要有适合组织情境的项目推选机制和激励约束机制。创业赋能策略研究拓展了组织宽容失败与内创业关系研究的边界。

第三，本书梳理了组织宽容失败影响内创业的过程机理，并构建了理论模型。通过编码分析，本书阐释了宽容失败的三维结构，分析了组织宽容失败通过心理安全影响内创业的过程，以及创业赋能策略、领导风格和员工个性在其中的调节作用，构建了组织宽容失败影响内创业的过程模型，为之后的宽容失败和内创业研究提供了理论基础和研究思路。

3.7.3 实践价值

第一，本书证实了在组织中积极营造宽容失败氛围，有助于推动组织内创业活动开展，促进内创业绩效提升。组织宽容失败能够打消员工对创业失败的顾虑，激发员工积极探索的激情和执着创新的精神，为组织提供创新性成果，提高内创业绩效。但是，宽容失败是有适用边界的，其更适用于以创新工作为主的高科技行业，不太适合组织严密、管理严格的制造行业。另外，宽容失败更适合应用在平台型组织或扁平化结构组织中，而在金字塔型结构组织中发挥的作用比较有限。

第二，本书证实了宽容失败需要有制度保障。组织倡导的宽容失败和以成败论英雄的绩效考核制度相冲突时，宽容失败就犹如一纸空话。因此，组织要推行宽容失败，就需要从制度上明确如何评价员工的失败、如何为员工的失败买单、如何促进失败反思学习，这样才能将宽容失败落到实处，才能真正发挥其对内创业的推动作用。

第三，本书证实了组织开展内创业活动，离不开创业赋能策略的支持。组织要推动内创业活动，不仅要有充分的资源投入，还需要建立完善的项目选拔机制和激励约束机制，并将项目选拔与激励约束的设计有机结合起来，这样才能有效激发员工的内创业热情，提高内创业绩效，最终实现良好的内创业效果。

参考文献

[1] 敖雪．差错管理氛围对员工知识共享行为影响研究——以心理安全感为中介变量［D］．南京：南京航空航天大学，2018.

[2] 丁晓斌，李志刚．领导者情绪智力、团队宽容氛围对边界管理的影响——一个有中介的交互效应模型构建［J］．领导科学，2016（29）：38-41.

[3] 卢阳旭，赵延东．宽容文化与科技创新：一项基于国际比较的实证分析［J］．中国软科学，2019（3）：61-68.

[4] 毛基业，李晓燕．理论在案例研究中的作用——中国企业管理案例论坛（2009）综述与范文分析［J］．管理世界，2010，（2）：106-113.

[5] 毛基业，陈诚．案例研究的理论构建：艾森哈特的新洞见——第十届"中国企业管理案例与质性研究论坛（2016）"会议综述［J］．管理世界，2017（2）：135-141.

[6] 孙晓冬，汪玲．失败恐惧研究述评［J］．心理科学进展，2007，15（4）：637-641.

[7] 孙珂，丁桂凤，古纯文．大学生对创业失败的内隐污名效应［J］．中国心理卫生杂志，2015，29（5）：389-394.

[8] 苏屹，刘敏．共享型领导、心理安全与员工进谏行为［J］．工业工程与管理，2018，23（2）：152-158.

[9] 王世强，徐广平．基于创新创业人才培养的高校创业文化体系构建［J］．企业研究，2019（2）：48-49.

[10] 王重鸣，胡洪浩．创新团队中宽容氛围与失败学习的实证研究［J］．科技进步与对策，2015，32（1）：18-23.

[11] 王凤彬．科层组织中的异层级化趋向——基于宝钢集团公司管理体制的案例研究［J］．管理世界，2009（2）：101-122.

[12] 王扬眉，梁果，李爱君，等．家族企业海归继承人创业学习过程研究——基于文化框架转换的多案例分析［J］．管理世界，2020，36（3）：120-142.

[13] 吴建祖，李英博．感知的创业环境对中层管理者内部创业行为的影响研究［J］．管理学报，2015，12（1）：111-117.

[14] 王林雪，张娜．中层管理者视角下企业探索性内创业的驱动因素研究［J］．研究与发展管理，2017，29（2）：10-19.

[15] 于晓宇，杨俊，厉杰，等．失败管理：破解不确定环境下创新创业成功的密码［J］．研究与发展管理，2019，31（4）：151.

[16] 赵庆波，封展旗．鼓励冒险和允许失败——谈知识管理的企业文化［J］．科技进步与对策，2002，19（6）：69-70.

[17] 朱秀梅，王天东．创业者幽默如何激发团队创业激情？——团队心理安全和团队情感承诺的多重中介作用［J］．经济管理，2019，41（6）：75-90.

[18] Berg M. Implementing information systems in health care organizations：myths and challenges［J］. International Journal of Medical Informatics，2001，64（2-3）：143-156.

[19] Brown S P，Leigh T W. A new look at psychological climate and its relationship to job involvement，effort，and performance［J］. Journal of Applied Psychology，1996，81（4）：358-368.

[20] Charmaz K. The body，identity，and self：adapting to impairment［J］. Sociological Quarterly，1995，36（4）：657-680.

[21] Danneels E. Trying to become a different type of company：dynamic capability at Smith Corona［J］. Strategic Management Journal，2011，32（1）：1-31.

[22] Duobiene J，Pundziene A. Development of entrepreneurial organizational culture［J］. Economics and Management，2007（12）：507-515.

[23] Dahlin K，Chuang Y T，Roulet T. Opportunity，motivation and ability to learn from failures and errors：review，synthesis，and the way forward［J］. Academy of Management Annals，2018，12（1）：252-277.

[24] Eisenhardt K M，Graebner M E. Theory building from cases：opportunities

and challenges [J]. Academy of Management Journal, 2007, 50 (1): 25-32.

[25] Edmondson A. Psychological safety and learning behavior in work teams [J]. Administrative Science Quarterly, 1999, 44 (2): 350-383.

[26] Farson R, Keyes R. The failure-tolerant leader [J]. Harvard Business Review, 2002, 80 (8): 64-71, 148.

[27] Danneels E. The dynamics of product innovation and firm competences [J]. Strategic Management Journal, 2002, 23 (12): 1095-1121.

[28] Goodstein J, Butterfield K D. Extending the horizon of business ethics: restorative justice and the aftermath of unethical behavior [J]. Business Ethics Quarterly, 2010, 20 (3): 453-480.

[29] Hutchison-Krupat J, Chao R O. Tolerance for failure and incentives for collaborative innovation [J]. Production and Operations Management, 2014, 23 (8): 1265-1285.

[30] Hornsby J S, Kuratko D F, Zahra S A. Middle managers' perception of the internal environment for corporate entrepreneurship [J]. Journal of Business Venturing, 2002, 17 (3): 253-273.

[31] Kahn W A. Psychological conditions of personal engagement and disengagement at work [J]. Academy of Management Journal, 1990, 33 (4): 692-724.

[32] Martin A J. Motivation and academic resilience: developing a model of student enhancement [J]. Australian Journal of Education, 2002 (14): 34-49.

[33] Sieger P, Zellweger T, Nason R S, et al. Portfolio entrepreneurship in family firms: a resource-based perspective [J]. Strategic Entrepreneurship Journal, 2011, 5 (4): 327-351.

[34] Welch C, Piekkari R, Plakoyiannaki E, et al. Theorising from case studies: towards a pluralist future for international business research [J]. Journal of International Business Studies, 2011, 42 (5): 740-762.

PART 4

第四章

组织宽容失败的量表开发

4.1 回顾文献与提出假设

4.1.1 宽容失败的内涵

Farson 和 Keyes（2002）指出，主张宽容失败的领导者通过其言行，帮助员工克服对失败的恐惧，创造一种勇于承担风险的文化氛围，以引导持续创新。Cox（2011）认为，组织在创新中面临很多不确定性，容易遇到各种问题、出现差错或遭遇失败，这就需要在团队内形成一种对失败宽容的氛围，容许团队成员出错，并宽容他们的差错。Hutchison-Krupat 和 Chao（2014）指出，宽容失败是指能够或者愿意忍受负面的项目结果而不惩罚相关人员。谢雅萍和陈睿君（2018）认为组织宽容失败是对员工的失败给予理解和包容，但并不意味着组织对业绩没有要求。赵庆波和封展旗（2002）指出，宽容失败是一种甘冒风险、锐意进取的企业文化。这种企业文化包含两个要点：一是不怕失败；二是积极对待失败，从失败中吸取教训。国内外文献对宽容与失败有比较多的理论阐述，但是，组织情境中的相关研究并不多，宽容失败的概念还比较模糊。中外学者在研究宽容失败时，常常把宽容失败与宽容氛围两个概念混淆，认为两者都是营造一种文化氛围，对员工在工作中的差错或失败给予同情、容忍和谅解。然而，在深度访谈过程中我们发现，营造宽容氛围仅是组织宽容失败的一部分，组织宽容失败氛围是组织允许员工犯错并容忍员工的失误，鼓励员工积极面对失败并从失败中反思和学习的氛围。

4.1.2 宽容失败的结构

根据对宽容失败相关文献的梳理，我们发现组织情境中宽容失败主要由三部分内容构成。

（1）营造宽容氛围

陈春花（2017）认为想要实现宽容失败、追求创新的企业应该准许员工抽出一些工作时间来自己支配，做一些与工作内容不相关的事情。Farson 和 Keye（2002）认为企业倡导和践行宽容失败离不开组织对宽容、自主和安全氛围的营造。组织倡导宽容失败能够促使员工对工作中的差错及失败保持客观态度（Kahn，1990）。而且，组织形成宽容氛围后，员工更容易保持乐观情绪，很少会去抱怨或指责当事人的错误（王重鸣 等，2015）。Hornsby（2002）指出，支持创新实践、反对循规蹈矩、鼓励尝试的宽容失败氛围，是企业实现内创业成功的首要条件。

（2）承担失败损失

组织宽容失败仅靠营造宽容氛围是不够的，还需要组织接受失败并乐于为失败买单（卢阳旭 等，2019）。因为团队在创新过程中，很容易出现各种问题、差错，需要团队成员相互沟通与协调，一起承担损失（Cox，2011）。陈春花（2017）指出，企业要实行宽容失败、激发人的创造力，不仅要形成宽容失败的氛围、形成包容失败的思维模式，还要勇于承担损失。有学者指出，如果没有承担损失，就说明组织没有努力创新。赵庆波和封展旗（2002）也指出，只有与员工一起积极面对失败并且承担损失，组织才有可能达到宽容失败的目的。

（3）失败反思学习

宽容失败并不意味着对成功无所追求，而是提倡积极面对失败，并从失败中总结经验、吸取教训（Dahlin et al.，2018）。陈春花（2017）认为，企业高管要养成对错误进行评价的习惯，及时反思。组织要想建立容错机制，就得做到鼓励创新、营造宽容氛围、允许试错，并对错误进行自我反思（黄秋风 等，2016）。因此，在营造宽容氛围和承担损失的基础上，组织还需要加强对失败的学习，不断对组织内外的创新失败案例进行讨论，给予员工良好的心理安全感，让他们敢于失败并学会失败反思，这样才能发挥出宽容失败的真正作用（Dias et al.，2019）。

4.2 量表开发

4.2.1 量表开发的基本思路与流程

近年来，随着组织创新、创业活动日益频繁，国内外学者开始关注对宽容失败的研究，但是现有研究对宽容失败的概念和重要意义提及较多，对宽容失败的内容和测量却少有涉及，关联较紧密的是对宽容氛围的测量，所以，我们开发宽容失败量表时缺少可以直接借鉴的研究工具。本书在宽容失败相关文献研究的基础上，深入理解和解析宽容失败的内涵，结合组织内创业情境，开发出具有广泛适用性的测量工具。为了使量表的内容全面、贴切，本书遵循以下思路进行量表的开发：①在文献分析的基础上，明确中国文化情境中宽容失败的内涵和内容，并提取相关题项；②借鉴西方宽容氛围和失败学习量表，结合中国文化情境，对宽容失败的测量题项进行补充；③利用半结构化访谈的资料提炼宽容失败范畴，拟定宽容失败的初始范畴和测量题项；④由专家对汇总题项进行重要性评价，制成宽容失败的初始测量量表。

4.2.2 量表开发的具体步骤

第一，我们利用中国知网、万方等中文数据库进行文献搜索，搜集与宽容、失败、宽容失败等词相关的文献，并未发现中国本土情境下的宽容失败测量工具。因此，在进一步明确中国文化情境下宽容失败内涵的基础上，我们邀请三名人力资源管理专业的教师对文献中关于宽容失败的内容进行提取，得到“勇于承担风险”“营造宽松的工作氛围”等27个题项。

第二，我们利用中国知网、万方等中文数据库以及Web of Science、EBSCO、Springer等外文数据库展开对宽容氛围量表的搜索。通过查阅已有文献，我们提取西方学者的宽容氛围量表中的题项，对其进行标准化翻译，得到“包容团队成员的过失或差错”“如果成员的工作出现差错，其他成员会主动与其沟通”等12个题项。

第三，我们利用半结构化访谈获取的资料，提取宽容失败初始范畴和测量题项。本书对6家企业进行深度访谈调查。访谈内容围绕宽容失败的概念、内容、具体举措以及对公司内创业活动的影响等方面展开，访谈时长共计1011分钟，访谈语音被整理成文字后总计294464字，平均对每位受访者的访谈时间为40分钟，一般在20~60分钟。访谈过程中全程录音，我们在当天整理好录音材料，对于一些语义不明的句子通过电话或微信回访的方式进行了二次确认。然后，我们运用扎根理论的方法，以陈述句为分析单位，共得到了543个含义明确的句子。例如："我们对于一般员工的犯错，都是包容的。""失败，我觉得很正常。""比如说做了十个项目，可能只成了一个。公司预期就是只要有一个能成，那就说明这个模式是没有问题的。"接着，我们对这些语句进行编码分析，选取一句最能反映某句话本质意思的句子来代替意思相近的一些句子。例如："我的组织能够包容员工的过失或错误。""我的组织能够理性对待员工的失败。""我的组织为员工失败设定了止损点。""我的组织鼓励员工勇于承担风险。"共得到含义明确的句子37条。

第四，我们将前三个步骤所得的题项进行汇总，将意思相近的语句进行合并，保留具有独立语义的题项共48个。然后，我们邀请10位管理学学者和10位资深管理者从这48个题项中挑选出最能反映宽容失败内容的题项，共计19个。为了提高表达的准确性和可读性，我们邀请1名管理学专家和5名硕士生对题项进行修改，并请3名企业员工试读，检验题项是否存在歧义和遗漏，然后修改，直至所有题项均无疑义为止，经过多次调整和修订，最终形成包括19个题项的组织宽容失败初始量表。

4.3 量表检验和修正

4.3.1 研究样本

课题组在管理咨询公司的协助下按照如下原则筛选出100家企业：①企业已开展内创业相关活动；②管理咨询公司调查员可以深入企业面对面发放调查问卷。

我们将收回的数据进行清理后共获取有效样本575份，样本基本特征见表4-1。我们将收回的有效问卷随机分为样本1（$n=285$）和样本2（$n=290$）。样本1用于对组织宽容失败量表进行总体分布检验、项目分析和探索性因子分析，样本2用于对组织宽容失败量表进行验证性因子分析及信效度分析。

表4-1 样本基本特征

特征		样本数量/份	占比/%
性别	男	247	43.0
	女	328	57.0
年龄	20岁以下	59	10.2
	20~30岁	243	42.2
	31~40岁	154	26.8
	41~50岁	91	15.8
	50岁以上	28	5.0
受教育程度	专科及以下	211	36.7
	本科	278	48.3
	本科以上	86	15.0
工作单位	国有企业	103	18.0
	民营企业	187	32.5
	外资企业	77	13.4
	其他	208	36.1
所属行业	金融	61	10.6
	信息技术	154	26.8
	教育	113	19.7
	传媒	18	3.1
	其他	229	39.8
公司规模	100人以下	190	33.0
	100~300人	174	30.3
	301~500人	87	15.1
	501~2000人	59	10.3
	2000人以上	65	11.3

4.3.2 总体分布检验

进行总体分布检验主要是为了验证总体取值的概率分布规律，从而判断各题项的鉴别力度。本书利用样本1（$n=285$）对初始量表题项数据进行总体分布检验，结果见表 4-2。

表 4-2　总体分布检验结果

	N	均值	标准差	偏度		峰度	
	统计量	统计量	统计量	统计量	标准误	统计量	标准误
T1	285	3. 3544	1. 22072	-0. 413	0. 144	-0. 752	0. 288
T2	285	3. 5474	1. 20242	-0. 663	0. 144	-0. 493	0. 288
T3	285	3. 4456	1. 12964	-0. 440	0. 144	-0. 632	0. 288
T4	285	3. 6035	1. 15093	-0. 632	0. 144	-0. 400	0. 288
T5	285	3. 4491	1. 16962	-0. 535	0. 144	-0. 469	0. 288
T6	285	3. 4175	1. 27450	-0. 482	0. 144	-0. 876	0. 288
T7	285	3. 6175	1. 13416	-0. 622	0. 144	-0. 396	0. 288
T8	285	3. 1895	1. 10021	-0. 270	0. 144	-0. 596	0. 288
T9	285	3. 2877	1. 15735	-0. 332	0. 144	-0. 682	0. 288
T10	285	3. 2491	1. 13105	-0. 355	0. 144	-0. 595	0. 288
T11	285	3. 1228	1. 16689	-0. 094	0. 144	-0. 835	0. 288
T12	285	3. 2386	1. 12553	-0. 405	0. 144	-0. 531	0. 288
T13	285	3. 3544	1. 16160	-0. 450	0. 144	-0. 662	0. 288
T14	285	3. 2947	1. 14024	-0. 353	0. 144	-0. 578	0. 288
T15	285	3. 6667	1. 10590	-0. 789	0. 144	-0. 100	0. 288
T16	285	3. 5965	1. 08867	-0. 612	0. 144	-0. 300	0. 288
T17	285	3. 3895	1. 18644	-0. 499	0. 144	-0. 602	0. 288
T18	285	3. 4561	1. 09529	-0. 478	0. 144	-0. 369	0. 288
T19	285	3. 5053	1. 07671	-0. 482	0. 144	-0. 478	0. 288

从表 4-2 可以看出，调查问卷的 19 个基本题项的平均值都为 3~4 分，属于中等水平。在标准差方面，问卷中所有题项的标准差均大于 1，变异量充分。由于数据有限，我们难以完全保证数据的正态分布，但峰度和偏度的值都在较为理想的范围内。因此，问卷中的题目具有良好的鉴别力。

4. 3. 3　探索性因子分析

探索性因子分析主要是通过主成分分析法和最大方差法对组织宽容失败量表的题项进行分析和旋转来提炼因子，从而达到降维目的，得到组织宽容失败的结构维度。

首先，我们对样本 1（$n=285$）做 KMO 和 Bartlett 球形度检验，结果显示 KMO 值为 0.942，且 Bartlett 球形度检验对应的 p 值为 0.000，说明数据适合做因子分析；其次，我们利用主成分分析法提取特征值大于 1 的因子；最后，我们利用最大方差法对提取的因子进行旋转，得到含有三个因子的组织宽容失败结构模型，该模型累计方差贡献率为 59.808%，且第一个因子累计解释的总方差为 20.989%（<50%），说明共同方法偏差处于合理范围之内。同时，该模型中各因子载荷均高于 0.5，且无交叉载荷因子，无须对初始量表题项进行删除。探索性因子分析结果见表 4-3。

表 4-3　探索性因子分析结果

题项名称	因子			累计解释的总方差
	营造宽容氛围	承担失败责任	失败反思学习	
T1	0.507			20.989%
T2	0.733			
T3	0.630			
T4	0.729			
T5	0.545			
T6	0.698			
T7	0.658			
T8		0.722		41.305%
T9		0.706		
T10		0.738		
T11		0.794		
T12		0.568		
T13		0.514		
T14			0.592	59.808%
T15			0.793	
T16			0.671	
T17			0.618	
T18			0.629	
T19			0.577	

通过探索性因子分析，我们对组织宽容失败的维度进行了初步划分，为了进一步测量因子结构的总体拟合度以及量表适切性，本书利用样本2对量表进行验证性因子分析和信度、效度检验。

4.3.4 结构性检验

（1）验证性因子分析

我们利用Amos24.0统计分析软件对样本2进行验证性因子分析，并采用固定载荷法和极大似然法对其进行评估。根据数据分析结果，$\chi^2/df=2.198$、$RMSEA=0.064$、$GFI=0.900$、$IFI=0.913$、$CFI=0.912$、$TLI=0.900$，各项拟合指标水平比较理想，三维结构模型整体拟合效果较好（见图4-1）。

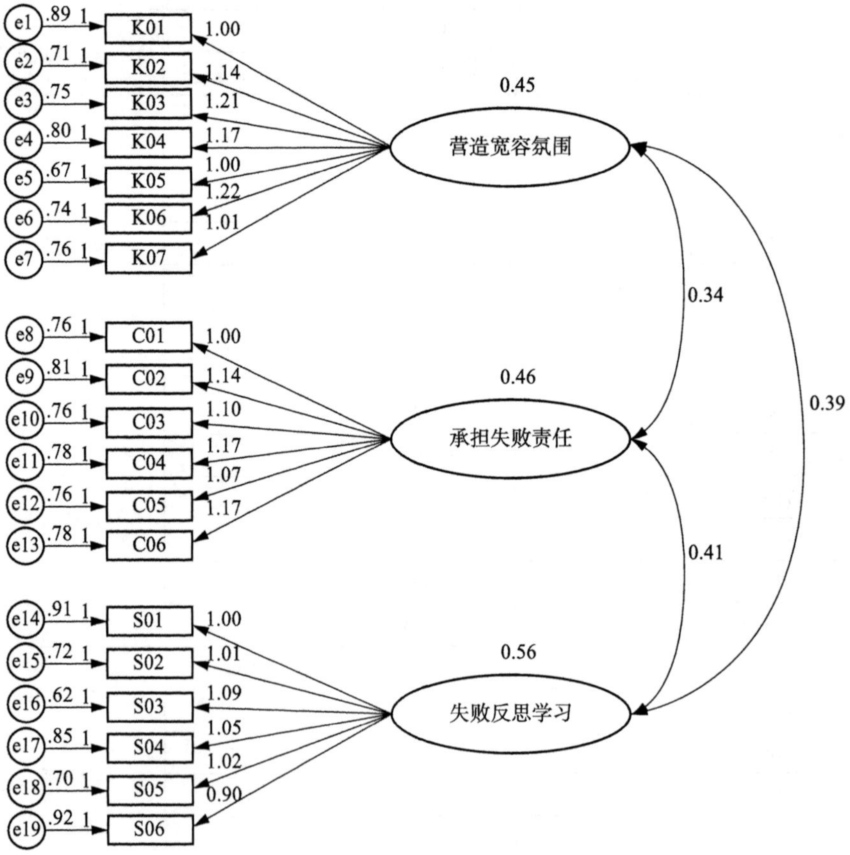

图4-1 验证性因子分析结果

（2）竞争模型分析

我们还对组织宽容失败相关的结构模型进行了比较，来分析各模型的优劣。根据探索性因子分析的结果，我们得到组织宽容失败的三因子结构模型，为了验证三因子结构模型的合理性，本书将两因子、四因子模型作为竞争模型来进行比较。

两因子模型是利用主成分最大方差旋转对样本强迫抽取两个因子得到的。二因子方差解释量分别为 30. 14%和 20. 17%，总方差解释量为 50. 31%。然后，我们按照相同的方法，强迫抽取四个因子，四因子方差解释量分别为 21. 22%、17. 57%、14. 23%、11. 42%，总方差解释量为 64. 44%。

我们利用 Amos24. 0 统计分析软件，对组织宽容失败的二维、三维、四维结构模型进行验证性因子分析，通过验证性因子分析得到的二因子、三因子和四因子模型的拟合度指标标准及数值见表 4-4。其中，三因子模型与数据的拟合度最高，说明组织宽容失败的三维结构的结论较为可靠。

表 4-4　统计检验量及适配的标准或临界值

统计检验量	取值范围	适配的标准或临界值	两因子模型	三因子模型	四因子模型
χ^2/df 值	>0	<5. 000	2. 551	2. 198	2. 241
RMSEA 值	>0	<0. 080	0. 073	0. 064	0. 066
GFI 值	0~1	>0. 900	0. 876	0. 900	0. 896
IFI 值	0~1	>0. 900	0. 886	0. 913	0. 912
CFI 值	0~1	>0. 900	0. 885	0. 912	0. 896
TLI 值	0~1	>0. 900	0. 870	0. 900	0. 911

（3）信度检验

信度评估包括整体信度和潜变量信度两方面的评估。整体信度依据 Cronbach'α 值来判断；潜变量信度依据 Cronbach'α 值和组合信度 CR 值综合来判断。根据 Fornell 和 Larcker（1981）的研究，Cronbach'α 值和 CR 值高于 0. 7 表明潜变量之间存在较为理想的一致性。分析结果显示，宽容失败量表的 Cronbach'α 值为 0. 936；营造宽容氛围维度的 Cronbach'α 值为

0.870、组合信度 CR 值为 0.891；承担失败责任维度的 Cronbach'α 值为 0.864、组合信度 CR 值为 0.892；失败反思学习维度的 Cronbach'α 值为 0.854、组合信度 CR 值为 0.879。上述数值均高于最低标准，说明量表具有较高信度，通过了信度检验（见表 4-5）。

表 4-5　信度和效度检验

	Cronbach'α	CR	AVE	AVE 值的算术平方根
营造宽容氛围	0.870	0.891	0.538	0.733
承担失败责任	0.864	0.892	0.580	0.762
失败反思学习	0.854	0.879	0.550	0.742

（4）效度检验

我们从内容效度、结构效度和效标效度三个方面展开效度评估。内容效度的检验采用定性方法来进行。本量表是在借鉴现有文献的基础上，结合半结构化访谈资料编制的，之后又请专家进行了内容充分性评判，并委托企业员工对题项进行评价和小规模试填，量表的编制过程严谨、符合要求，内容具有一定的可靠性。

结构效度检验主要包括收敛效度和区分效度评价。根据 Hair 等人（2009）的观点，潜变量的平均方差萃取量 AVE 及其与观察变量的标准化载荷均高于 0.5，表明量表具有良好的收敛效度。若 AVE 的平方根大于潜变量的相关系数，则表明量表具有良好的区分效度（Fornell et al.，1981）。根据数据分析结果，营造宽容氛围维度中题项的标准化载荷为 0.67~0.89，承担失败责任维度中题项的标准化载荷为 0.76~0.81，失败反思学习维度中题项的标准化载荷为 0.62~0.91，均大于 0.5，且达到了显著水平；营造宽容氛围维度的 AVE 值为 0.538，承担失败责任维度的 AVE 值为 0.580，失败反思学习维度的 AVE 值为 0.550，达到了最低可接受标准，表明量表具有良好的收敛效度。此外，潜变量 AVE 的算术平方根大于三者的相关系数，表明量表具有较好的区分效度（见表 4-5）。

效标效度也是检验量表有效性的重要指标。内创业意愿是指员工在组织内部参与旨在开拓新业务和提升组织应变能力的所有开创性活动的心理倾向（Gawke et al.，2017）。Hutchison-Krupat 和 Chao（2014）通过实证研究发现，员工的创新意愿可以靠容忍失败的组织氛围来增强。宽容失败的组织会营造宽容氛围，为员工承担风险和损失，帮助员工反思失败、总结经验，激发员工的内创业活力。因此，本书选择了内创业意愿作为宽容失败的关联效标，对量表的效度再次进行检验。

测量工具选取：

①宽容失败量表。组织宽容失败测量量表由营造宽容氛围、承担失败责任和失败反思学习三个维度构成，共 19 个题项，例如："我的组织允许员工提出不同意见和建议。""我的组织能够包容员工的过失或错误。""组织鼓励员工询问有没有更好的方式提供产品或服务。"量表采用 Likert 5 点量表的计分形式，1 分至 5 分依次对应"完全不符合""比较不符合""不确定""比较符合""完全符合"。

②内创业意愿量表。内创业意愿量表共有 6 个题项，例如："我会考虑通过积极营销刺激市场对公司产品的新需求。""我会考虑在与当前业务相关的新行业中寻求新业务。"量表采用 Likert 5 点量表的记分形式，1 分至 5 分依次对应"完全不符合""比较不符合""不确定""比较符合""完全符合"。量表的 Cronbach' α 值为 0.869。

相关分析结果：

由表 4-6 可知，营造宽容氛围、承担失败责任和失败反思学习三者与内创业意愿之间存在显著的正相关关系，相关系数分别为 0.422、0.403、0.412，这为进行下一步的回归检验提供了数据支持。

表 4-6　变量均值、标准差与相关系数矩阵（n=290）

	均值	标准差	1	2	3	4	5	6	7	8
1 性别	1.57	0.50	1							
2 年龄	2.63	1.02	0.047	1						
3 学历	1.78	0.68	-0.012	-0.055						
4 工龄	3.26	1.72	-0.031	0.513**	0.051					
5 企业规模	2.36	1.33	-0.010	-0.071	0.172**	0.099*				

续表

	均值	标准差	1	2	3	4	5	6	7	8
6 营造宽容氛围	3.44	0.87	0.033	0.047	0.022	0.036	0.018			
7 承担失败责任	3.24	0.89	0.062	0.020	0.038	-0.001	0.018	0.411**		
8 失败反思学习	3.34	0.87	0.054	0.062	0.076	0.034	-0.011	0.478**	0.470**	
9 内创业意愿	3.48	0.86	0.038	0.084*	-0.016	0.088*	0.017	0.422**	0.403**	0.412**

注：*表示 $p<0.05$，**表示 $p<0.01$，**表示 $p<0.001$。

回归分析：

为进一步考察宽容失败各维度对内创业意愿的解释力，我们利用统计分析工具 SPSS25.0 对组织宽容失败和员工内创业意愿进行回归分析（见表 4-7）。首先，模型 1 引入性别、年龄、学历、工龄、企业规模作为控制变量，内创业意愿作为因变量，控制变量对内创业意愿的影响都不显著。其次，模型 2 在模型 1 的基础上，增加了营造宽容氛围、承担失败责任和失败反思学习三个变量作为自变量，回归分析结果表明，营造宽容氛围、承担失败责任和失败反思学习三个变量对内创业意愿的解释力达到 42.2%，其中，营造宽容氛围对内创业意愿影响的回归系数 $\beta=0.293$（$p<0.001$），承担失败责任对内创业意愿影响的回归系数 $\beta=0.225$（$p<0.001$），失败反思学习对内创业意愿影响的回归系数 $\beta=0.187$（$p<0.01$），由此可见，宽容失败的三个维度对内创业意愿有显著的正向影响。模型 3 在模型 1 的基础上，增加了宽容失败作为自变量，回归分析结果表明，宽容失败对内创业意愿也有显著正向影响（$\beta=0.705$，$p<0.001$）。综上所述，宽容失败对内创业意愿有良好的预测作用，说明宽容失败结构具有较好的效标效度。

表 4-7 宽容失败对内创业意愿影响的回归系数

变量	内创业意愿		
	模型 1	模型 2	模型 3
控制变量			
性别	0.141	0.053	0.048
年龄	0.020	-0.014	-0.014
学历	-0.024	-0.024	-0.021

续表

变量	内创业意愿		
	模型 1	模型 2	模型 3
工龄	-0.044	-0.014	-0.014
企业规模	0.048	0.029	0.029
自变量			
营造宽容氛围		0.293***	
承担失败责任		0.225***	
失败反思学习		0.187**	
宽容失败		—	0.705***

注：*表示 $p<0.05$，**表示 $p<0.01$，**表示 $p<0.001$。

4.4　研究结论与讨论

4.4.1　研究结论

我们在文献分析、深度访谈和专家评价的基础上，编制了组织宽容失败调查问卷。我们将采集的有效样本分为样本 1（$n=285$）和样本 2（$n=290$），对组织宽容失败量表进行了探索性因子分析和验证性因子分析，并进行了量表的信效度检验，得到以下结论。

第一，宽容失败量表由营造宽容氛围、承担失败责任和失败反思学习三个维度共 19 个题项构成。其中，营造宽容氛围是指组织为员工营造一种宽松的工作氛围，允许员工发表不同的意见，给予员工一定的自由度和弹性时间，鼓励员工勇于承担风险、开展内创业活动。承担失败责任是指组织能够包容员工在工作探索和创新上的失败，不因为员工创新或内创业失败而惩罚员工，并且愿意为员工的失败买单。失败反思学习是指组织引导员工正确看待失败，鼓励员工对自己的失败进行反思、总结失败经验、寻求更好的解决方法。

第二，营造宽容氛围是组织宽容失败的重要条件，承担失败责任和失败反思学习是营造组织宽容失败氛围的必要保障。探索性因子分析结果显示，在营造宽容氛围、承担失败责任和失败反思学习这三个维度中，营造宽容氛围的方差解释量最大，说明营造宽容氛围对于组织宽容失败的影响最大。因此，组织要宽容失败、鼓励创新，最重要的是要营造宽容的文化氛围，给予员工自由表达想法的权利，支持员工发表不同意见，鼓励员工在工作中探索和试错。而且，组织宽容失败仅仅依靠营造宽容氛围是不够的，还需要组织建立为失败担责的机制，消除员工对失败的恐惧和忧虑，减轻其心理负担。承担失败责任为组织宽容失败提供了制度上的保障。组织宽容失败，鼓励试错、允许犯错是手段，不是目的。组织要鼓励员工对失败进行反思、总结经验教训，并积极采取补救措施，实现产品的迭代和优化升级，为组织创造更大的价值。

第三，我们在宽容失败量表效标效度检验中发现，组织宽容失败及其三个子维度（营造宽容氛围、承担失败责任和失败反思学习）对员工内创业意愿有显著的正向影响。其中，营造宽容氛围对于员工内创业意愿的正向影响最显著。组织开展内创业活动，需要投入大量的资源，存在很多不确定性，所以，不少员工望而却步，不少创意被扼杀。如果组织能够营造宽容的工作氛围，愿意为员工的失败买单，并鼓励员工从失败中反思学习，则既能为员工开展内创业活动解除后顾之忧，也能够从机制上保障员工在失败中成长，因此，组织宽容失败对员工内创业意愿的产生有重要的推动作用。

4.4.2 理论贡献

第一，本书在梳理国内外文献的基础上，结合深度访谈和问卷调查，进一步阐释了组织情境中宽容失败的内涵，即宽容失败是组织鼓励员工探索与试错，为员工的失败买单，鼓励员工对失败进行反思并通过快速学习实现产品的迭代和优化。这一概念界定突破了将宽容失败简单视为宽容氛围的局限性，包含了宽容失败的环境条件、保障机制以及实现目的。

第二，本书开发了组织宽容失败量表，提取了组织宽容失败的三个维度：营造宽容氛围、承担失败责任和失败反思学习。组织宽容失败量表的开发为宽容失败的相关研究提供了测量工具，为组织失败学习、组织创新与创业研究的开展提供了理论依据。

第三，本书证实了组织宽容失败对员工内创业意愿的正向影响，突出了组织支持性氛围对激发个体内创业意愿的积极作用，拓展了宽容失败的结果变量研究，丰富了员工内创业的前因变量研究，为深化组织内创业研究奠定了基础。

4.4.3 实践价值

第一，本书证实了组织应该积极营造宽容失败氛围，给予员工自由表达想法的权利，支持员工发表不同见解，鼓励员工在工作中探索和试错，提供宽容的工作环境，为员工的失败买单，要求员工对失败进行反思以为组织下一轮创新积蓄力量。

第二，本书对组织宽容失败的三个维度的划分，能够帮助组织认识到宽容失败不能仅停留在文化氛围的营造上，更重要的是要采取行动和措施为员工的失败买单，而且，组织的宽容是有边界、有绩效导向的，员工需要从失败中学习，总结经验教训。

第三，本书证实了组织宽容失败是推动员工内创业的重要手段。组织应营造宽容氛围，合理设计组织与员工风险共担、利益共享的机制，消除员工对内创业失败的担忧，激发员工的内创业热情，实现员工与组织在内创业活动中的共同成长。

参考文献

[1] 陈春花．鼓励探索，宽容失败 [J]．企业管理，2017 (8)：1.

[2] 黄秋风，唐宁玉，葛明磊．组织容错感对员工工作绩效的作用机制及作用情境研究 [J]．中国人力资源开发，2016 (1)：60-66.

[3] 卢阳旭，赵延东．宽容文化与科技创新：一项基于国际比较的实证分析 [J]．中国软科学，2019 (3)：61-68.

[4] 王重鸣，胡洪浩．创新团队中宽容氛围与失败学习的实证研究［J］．科技进步与对策，2015，32（1）：18-23.

[5] 谢雅萍，陈睿君．创业失败复原研究现状探析与未来展望［J］．科技进步与对策，2018，35（3）：153-160.

[6] 赵庆波，封展旗．鼓励冒险和允许失败——谈知识管理的企业文化［J］．科技进步与对策，2002，19（6）：69-70.

[7] Antoncic B，Hisrich R D. Intrapreneurship：construct refinement and cross-cultural validation [J]. Journal of Business Venturing，2001，16（5）：495-527.

[8] Cox S S. An investigation of forgiveness climate and workplace outcomes [J]. Academy of Management Proceedings，2011（1）：1-6.

[9] Dahlin K，Chuang Y T，Roulet T. Opportunity，motivation and ability to learn from failures and errors：review，synthesis，and the way forward [J]. Academy of Management Annals，2018，12（1）：252-277.

[10] Farson R，Keyes R. The failure-tolerant leader [J]. Harvard Business Review，2002，80（8）：64-71，148.

[11] Gawke J C，Gorgievski M J，Bakker A B. Employee intrapreneurship and work engagement：a latent change score approach [J]. Journal of Vocational Behavior，2017（100）：88-100.

[12] Hutchison-Krupat J，Chao R O. Tolerance for failure and incentives for collaborative innovation [J]. Production and Operations Management，2014，23（8）：1265-1285.

[13] Danneels E. The dynamics of product innovation and firm competences [J]. Strategic Management Journal，2002，23（12）：1095-1121.

[14] Hair E C，Park M J，Ling T J，et al. Risky behaviors in late adolescence：co-occurrence，predictors，and consequences [J]. Journal of Adolescent Health，2009，45（3）：253-261.

[15] Kahn W A. Psychological conditions of personal engagement and disengagement at work [J]. Academy of Management Journal，1990，33（4）：

692-724.

[16] Nguyen B, Chen J, De Cremer D. When new product development fails in China: mediating effects of voice behaviour and learning from failure [J]. Asia Pacific Business Review, 2017, 23 (4): 559-575.

[17] Pearced J A, Kramer T R, Robbins D K. Effects of managers' entrepreneurial behavior on subordinates [J]. Journal of Business Venturing, 1997, 12 (2): 147-160.

PART 5

第五章

组织宽容失败对心理安全的影响研究

5.1 回顾文献与提出假设

5.1.1 组织宽容失败与心理安全

心理安全是指组织成员能够在组织中自由发表个人观点和看法而不担心得罪人的一种心理感受；成员与组织彼此尊重、相互信任，成员敢于探索和尝试，不担心因失败或犯错而受到惩罚；员工能够在组织中获得成长与发展，从而对组织充满信赖感和归属感。通过梳理文献我们发现，影响心理安全的因素包括组织环境、团队特征、领导行为、人际关系和社会资本等。其中，组织环境是影响心理安全的重要因素，包括雇佣关系（Tsui et al.，1997）、组织支持（Edmondson et al.，1999）、组织信任（李宁 等，2007）、组织创新氛围（耿昕 等，2011）和组织情绪能力（常洁 等，2020）等。

良好的组织氛围能够让员工有较强的心理安全感。耿昕等人（2011）认为组织创新氛围有助于员工大胆地将自己的新想法、新观点表达出来，让员工产生心理安全感。敖雪（2018）认为差错管理氛围提倡员工互相沟通、互相学习以及互相帮助，对员工的差错有较高的容忍度，从而减少了员工对犯错受惩罚的担忧，容易让员工产生心理安全感。组织倡导宽容的文化氛围，鼓励员工不断探索和尝试，允许员工主动试错和犯错，让员工敢于表达自己的创新想法而不担心受到其他员工的嘲笑，敢于直言而不担心得罪人，因此，营造宽容氛围有助于提升员工的心理安全感。

组织能够正确看待失败、允许员工犯错、鼓励员工试错，并愿意与员工一起承担失败的损失，减少了员工对失败的恐惧，降低了个体对承担创新失败所带来的后果的焦虑感，让员工感受到组织的信任和支持，从而大大提高了员工对组织安全氛围的感知度（韩平 等，2017）。因此，承担失败责任能提高员工的心理安全感。

组织倡导失败后的反思学习，让员工理性看待失败，精准剖析失败原因，及时修正、快速学习，实现产品升级和迭代。失败反思学习能够鼓励员工真实表达个人观点，以团队和组织发展为目的，就事论事，不担心得罪人，不害怕破坏人际关系，不担心犯错可能带来的惩罚（Harvey et al.，2019）。而且，员工能够正确认识到失败带来的积极影响，提高了对差错的容忍度，从而减少了对犯错受惩罚的担忧，有助于获得心理安全感（敖雪 等，2018）。

综上所述，组织宽容失败会让员工感受到组织接受失败、支持创新的工作氛围。员工犯错后，组织与员工一起承担失败的后果，鼓励员工进行反思。这样的组织氛围让员工不再担心自己因为失败或者犯错而受到惩罚，同时犯错后组织与员工一起承担失败的后果的态度，也会让员工感受到温暖和支持（何良兴 等，2020），而失败后的反思学习，会让员工更加清楚地认识自己失败的原因，进而作出改变。因此，组织宽容失败能够提升员工的心理安全感。基于上述分析，我们提出如下假设。

假设 5-1：组织宽容失败对员工心理安全有显著的正向影响。

假设 5-1a：营造宽容氛围对员工心理安全有显著的正向影响。

假设 5-1b：承担失败责任对员工心理安全有显著的正向影响。

假设 5-1c：失败反思学习对员工心理安全有显著的正向影响。

5.1.2 包容型领导的调节作用

领导者作为组织的代理人，对组织制度和文化的诠释以及展现出的领导力会对员工心理安全起至关重要的作用。员工是否能在团队或组织中感受到心理安全，很大程度上受上级行为特征的影响（凌斌 等，2010）。领导行为类型包括伦理型领导（王忠诚 等，2018）、变革型领导（Shin et al.，2003）、共享型领导（苏屹 等，2018）、包容型领导（Nembhard et al.，2006）、谦卑型领导（张巧巧 等，2018；冯瑾 等，2019）以及支持型领导（刘宗华 等，2019）等。杨霞和李雯（2017）认为具备支持、信任员工以及倡导共享与合作的价值观的领导能够为员工提供一种充满信任感的氛围，使员工对组织产生一种归属感，从而提升员工对组织的心理安全感。

包容型领导是一种鼓励员工参与创新活动、擅长听取员工意见并认可员工贡献的领导方式（Nembhard et al.，2006）。包容型领导者与员工建立良好的关系，满足员工的需求（Hollander et al.，2009；Carmeli et al.，2010；唐宁玉 等，2015）。刘宗华等人（2019）认为主管的支持使员工不用担心由于犯错而受到惩罚，从而提升了员工的心理安全感，而包容型领导就具备这样的特质。领导的包容性让员工感知到强有力的组织支持，员工认为采用创新性方法解决问题的行为能够得到组织的认可，并会在组织中获得很高的评价（Edmondson et al.，1999）。Detert 和 Burris（2007）认为包容型领导具有开放性、鼓励员工创新等特点，会对员工心理安全产生显著的正向影响。

包容型领导者走近员工群体，与他们平等对话，倾听员工的意愿和需求，包容型领导者所展现出的开放度、亲和度、宽容度与组织宽容失败氛围所传递的组织规范、价值观和理念是吻合的，所以，员工很容易获得心理安全感。相反，如果领导者表现出比较低的包容性，与组织宽容失败氛围不匹配，员工会排斥领导者，降低对组织的信任与尊重。基于以上分析，我们提出如下假设。

假设 5-2：包容型领导在组织宽容失败与员工心理安全之间起调节作用。

5.1.3　创业赋能策略的调节作用

创业赋能策略是企业实施的提供资源投入平台、制定项目推选机制、建立激励约束机制等一系列促进内创业开展的举措。组织整合内外部资源为内创业活动提供资金、技术、人才等方面的支持，这些工作资源能够帮助企业营造良好的心理安全氛围，让员工有底气进行探索和试错，有勇气进行创新和尝试。而且，拥有充足社会资本的企业能够给成员更稳定的资源和可持续的承诺，能够在一定程度上减少员工对未来职业发展的担忧。

Collins 和 Smith（2006）发现，高承诺人力资源管理实践能够让员工感受到组织的信任与支持，营造一种心理安全的氛围。张燕等人（2015）发现组织的程序公平和分配公平与员工的心理安全正相关。Carmeli 和 Zisu（2009）以 191 位医学专家为研究对象，发现支持型组织管理实践能够通过社会学习的过程，促进成员获得心理安全感。Singh 等人（2013）从社会认同的视角，证实了多样化管理实践能够提高成员对组织的认同感，进而使成员更有心理安全感。组织建立的创业项目推选机制和激励约束机制能够让员工感知到组织的信任，增强员工对组织的认同感，因此会提升员工的心理安全感。基于以上分析，我们提出如下假设：

假设 5-3：创业赋能策略在组织宽容失败与员工心理安全之间起调节作用。

5.2 变量测量

课题组在管理咨询公司的协助下按照如下原则筛选出 100 家企业：①企业已开展内创业相关活动；②管理咨询公司调查员可以深入企业面对面发放调查问卷。

我们将收回的数据进行清理后共获取有效样本 575 份。我们将收回的有效样本随机分为样本 1（$n=285$）和样本 2（$n=290$）。样本 1 用于对组织宽容失败量表进行总体分布检验、项目分析和探索性因子分析，样本 2 用于对组织宽容失败量表进行验证性因子分析及信效度分析。

（1）组织宽容失败

组织宽容失败测量采用自主开发的量表，量表由营造宽容氛围、承担失败责任和失败反思学习三个维度构成，共 19 个题项，例如："我的组织允许员工提出不同意见和建议。""我的组织能够包容员工的过失或错误。""组织鼓励员工询问有没有更好的方式提供产品或服务。"量表采用 Likert 5 点量表的计分形式，1 分至 5 分依次对应"完全不符合""比较不符合"

“不确定”“比较符合”“完全符合”。

（2）心理安全

本章对心理安全的测量采用的是 Liang 等人（2012）在其研究中使用的量表。该量表共有 5 个题项，如“在我的工作单位，我可以表达我对工作的真实感受。”“在我的工作单位，我可以自由表达我的想法。”“我担心在工作场所表达真实的想法会伤害自己。”其中有 1 题是反向计分题。量表采用 Likert 5 点量表的计分形式，1 分至 5 分依次对应“完全不符合”“比较不符合”“不确定”“比较符合”“完全符合”，反向题计负分。

（3）包容型领导

对于包容型领导的测量，本书采用的是 Carmeli 等人（2010）在 Nembhard 和 Edmondson（2006）的领导包容性概念的基础上开发的量表，该量表由开放性、可用性和易接近性三个维度构成，共有 9 个题项，例如：“我的领导愿意倾听新的观点。” “如果有问题，随时可以找我的领导咨询。”“我的领导鼓励我在出现新问题时找他/她。”量表采用 Likert 5 点量表的计分形式，1 分至 5 分依次对应“完全不符合”“比较不符合”“不确定”“比较符合”“完全符合”。

（4）创业赋能策略

创业赋能策略量表是我们在 Kuratko 等人（1990）开发的创业环境量表基础上，结合深度访谈的编码分析修订而成的。该量表包括 6 个题项，例如：“组织对内创业项目给予资金、信息、人脉等支持。”“组织对内创业项目的选拔有评审流程。”“组织对参与内创业的员工给予利益分享。”量表采用 Likert 5 点量表的计分形式，1 分至 5 分依次对应“完全不符合”“比较不符合”“不确定”“比较符合”“完全符合”。

（5）控制变量

根据以往的研究，我们选取性别、年龄、受教育程度、岗位和职位作为控制变量。

5.3 数据分析

5.3.1 信度和效度检验

本书的组织宽容失败量表是我们自主开发的，具有较好的信度和效度（检验过程见第四章）。其他量表是在国内外成熟量表基础上修订而成的，研究人员在正式调研之前做过小规模的预调研，并根据预测试的结果与反馈修订了问卷内容，从而制成正式的调查问卷。组织宽容失败、包容型领导、创业赋能策略和心理安全的 Cronbach'α 值分别为 0.936、0.883、0.851、0.767（见表 5-1），均在 0.7 以上，各变量具有较好的信度。我们通过验证性因子分析检验了量表的构念信度和区分效度。数据分析结果显示，各变量的标准化因子载荷均在 0.5 以上，符合标准化因子载荷的最低标准；各变量的组合信度均接近或超过 0.7，AVE 值接近 0.5，各变量的平均方差萃取率平方根均接近或大于 0.7，其值均大于各变量的相关系数。因此，本章的测量变量具有较好的信度和效度。

表 5-1 变量的构念信度和区分效度检验

变量	信度	组合信度	收敛效度	区分效度
	Cronbach'α	CR	AVE	AVE 平方根
组织宽容失败	0.936	0.936	0.435	0.660
包容型领导	0.883	0.884	0.458	0.677
创业赋能策略	0.851	0.852	0.492	0.701
心理安全	0.767	0.695	0.430	0.656

我们根据变量的组合构建 M1、M2、M3、M4 四个因子模型，验证性因子分析结果见表 5-2，其中四因子结构的拟合指数显著优于其他竞争模型，这说明本章中的变量没有显著的多重共线性问题。此外，测量模型的拟合度指标分别为：$\chi^2=2038.761$、$df=696$、$\chi^2/df=2.929$、$p=0.000$、$CFI=0.879$、$RMSEA=0.058$，各项指标基本达到或接近拟合要求的标准，

说明测量模型整体拟合度达到标准。

表 5-2　验证性因子分析结果

模型	χ^2	*df*	RMSEA	CFI	TLI
四因子 M1	2038. 761	696	0. 058	0. 879	0. 871
三因子 M2	2767. 465	699	0. 072	0. 813	0. 802
两因子 M3	3054. 686	701	0. 077	0. 787	0. 775
单因子 M4	3261. 577	702	0. 080	0. 769	0. 756

此外，尽管我们采取了隐匿研究目的、引入反向题等措施，共同方法偏差仍在所难免，考虑到本章中数据来源相同可能会带来同源误差（Common Method Bias），我们采用 Harman 单因素检验法来检验量表的共同方法偏差问题。我们通过探索性因子分析提取四个因子，第一个成分的累积方差百分比为 13. 322%，小于 30%，说明本量表不存在严重的共同方法偏差问题。

5. 3. 2　相关分析

各主要变量的相关系数见表 5-3，由表可知，组织宽容失败及其子维度营造宽容氛围、承担失败责任、失败反思学习与包容型领导、创业赋能策略、心理安全等变量存在显著的正相关关系。这为下一步进行回归分析提供了数据分析的基础。

表 5-3　各主要变量均值、标准差与相关系数矩阵（*n*=573）

变量	均值	标准差	1	2	3	4	5	6
1 组织宽容失败	3. 37	0. 78	1					
2 营造宽容氛围	3. 44	0. 87	0. 905**					
3 承担失败责任	3. 24	0. 89	0. 885**	0. 683**				
4 失败反思学习	3. 41	0. 86	0. 898**	0. 719**	0. 712**			
5 包容型领导	3. 52	0. 79	0. 644**	0. 598**	0. 525**	0. 606**		
6 创业赋能策略	3. 31	0. 85	0. 720**	0. 622**	0. 642**	0. 676**	0. 592**	
7 心理安全	3. 27	0. 91	0. 693**	0. 691**	0. 570**	0. 591**	0. 559**	0. 536**

注：*表示 $p<0.05$，**表示 $p<0.01$，***表示 $p<0.001$。

5.3.3 回归分析

（1）组织宽容失败对心理安全的主效应

我们采用层级回归法分析组织宽容失败及其子维度与心理安全的关系。将心理安全设为因变量，在模型中放入控制变量，随后分别加入组织宽容失败、营造宽容氛围、承担失败责任、失败反思学习等变量，构成模型1、模型2、模型3和模型4。由表5-4可知，在控制了性别、年龄、学历、岗位和职位之后，模型1中组织宽容失败对员工心理安全影响的回归系数为0.694，在$p<0.001$下显著，假设5-1得到支持；模型2中营造宽容氛围对员工心理安全影响的回归系数显著为正（$\beta=0.691$，$p<0.001$），假设5-1a得到支持；模型3中承担失败责任对员工心理安全影响的回归系数显著为正（$\beta=0.570$，$p<0.001$），假设5-1b得到支持；模型4中失败反思学习对员工心理安全影响的回归系数为0.593，在$p<0.001$下显著，假设5-1c通过检验。

表5-4 组织宽容失败及其子维度与心理安全的相关系数

变量	员工心理安全			
	模型1	模型2	模型3	模型4
控制变量				
性别	-0.028	-0.004	-0.021	-0.034
年龄	0.021	0.019	0.047	0.018
学历	-0.019	-0.008	-0.005	-0.019
岗位	-0.008	-0.007	-0.026	0.008
职位	-0.015	-0.002	-0.041	-0.027
自变量				
组织宽容失败	0.694***			
营造宽容氛围		0.691***		
承担失败责任			0.570***	
失败反思学习				0.593***

注：+表示$p<0.1$，*表示$p<0.05$，**表示$p<0.01$，***表示$p<0.001$，采用双尾检验。

（2）包容型领导的调节作用

我们在模型1的基础上加入了调节变量包容型领导、组织宽容失败和包容型领导的交互项，构成模型5。由表5-5可知，加入交互项后，交互效应显著（$\beta=0.376$，$p<0.05$），初步证明包容型领导在组织宽容失败和员工心理安全之间起调节作用。随后，我们以调节变量包容型领导均值加、减一个标准差为限，进行对曲线斜率的简单估计。结果显示（见表5-6），在高水平包容型领导（$\beta=0.703$，$p<0.001$）以及低水平包容型领导（$\beta=0.595$，$p<0.001$）的影响下，组织宽容失败与员工心理安全呈线性关系，假设5-2得到验证。

表5-5　回归分析结果2

变量	员工心理安全	
	模型5	模型6
控制变量：		
性别	-0.025	-0.024
年龄	0.015	0.023
学历	-0.011	-0.021
岗位	0.007	-0.008
职位	-0.004	-0.016
自变量：		
组织宽容失败	0.352***	0.540***
调节变量：		
包容型领导	0.001	
组织宽容失败＊包容型领导	0.376*	
创业赋能策略		-0.033
组织宽容失败＊创业赋能策略		0.196

注：* 表示 $p<0.05$，** 表示 $p<0.01$，*** 表示 $p<0.001$，采用双尾检验。

表5-6　包容型领导调节效应斜率简单估计值及显著性

调节变量		斜率简单估计值	标准误	*T*值	*P*值	95%置信区间	
						下限	上限
包容型领导	+标准差	0.703***	0.049	14.336	0.000	0.607	0.799
	-标准差	0.595***	0.054	11.078	0.000	0.490	0.700

注：* 表示 $p<0.05$，** 表示 $p<0.01$，*** 表示 $p<0.001$，采用双尾检验。

为了进一步验证包容型领导的调节作用，我们根据 Aiken 和 West（1991）的方法，检验在包容型领导平均值加、减各一个标准差的情况下，组织宽容失败与员工心理安全的关系（图 5-1）。根据斜率我们发现，当包容型领导水平较高时，组织宽容失败对员工心理安全的正向影响较强（$\beta=0.703$，$p<0.001$），当包容型领导水平较低时，组织宽容失败对员工心理安全的影响较弱（$\beta=0.595$，$p<0.001$）。数据分析结果表明，包容型领导调节了组织宽容失败对心理安全的影响。

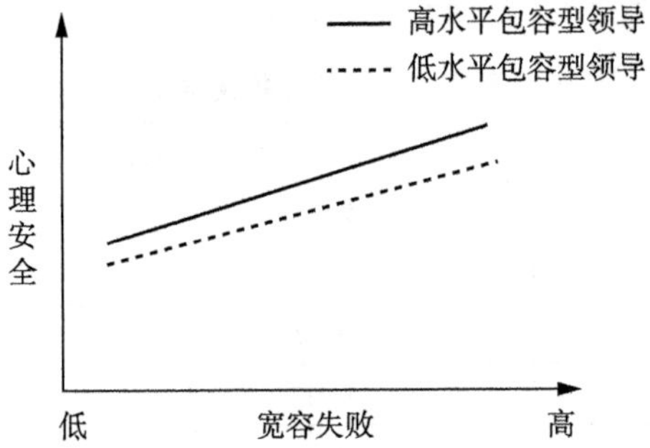

图 5-1　包容型领导对组织宽容失败和员工心理安全的调节效应

（3）创业赋能策略的调节作用

我们在模型 1 的基础上加入了调节变量创业赋能策略、组织宽容失败和创业赋能策略的交互项，构成模型 6。由表 5-6 可知，加入交互项后，交互效应不显著（$\beta=0.196$，$p>0.1$），说明创业赋能策略在组织宽容失败和员工心理安全之间没有起到调节作用，假设 5-3 没有得到验证。研究假设没有得到验证的可能原因是：创业赋能策略是推动内创业活动的具体举措，在组织宽容失败对员工心理安全有显著影响的情况下，高水平创业赋能策略与低水平创业赋能策略对员工心理安全的影响差异并不大。

5.4　研究结论与讨论

5.4.1　研究结论

以往的研究发现，良好的组织氛围、支持性环境会提高员工的心理安全感。为了推动创新、创业活动开展，组织致力于营造宽容失败的氛围，但是，学界对宽容失败的研究比较匮乏，宽容失败影响员工创新、创业活力的路径尚不清晰。通过对开展内创业的企业进行访谈调研，我们发现，员工在宽容的组织氛围中，敢于畅所欲言、充分依赖和相信组织。本书阐述了组织宽容失败对员工心理安全的影响，以及包容型领导和创业赋能策略在其中的调节作用。通过对 573 名员工进行调查，我们得到以下主要结论：首先，组织宽容失败对员工心理安全有显著的正向影响，员工心理安全感随组织宽容失败水平上升而提高，具体表现为组织越是营造宽容氛围、承担失败责任和进行失败反思学习，越能给员工带来心理安全感。其次，在内创业组织情境中，包容型领导调节了组织宽容失败与员工心理安全的关系，表现为在高水平包容型领导下，组织宽容失败与员工心理安全的正向关系被强化，在低水平包容型领导下，组织宽容失败与员工心理安全的正向关系被弱化。最后，创业赋能策略在组织宽容失败与员工心理安全之间的调节作用不显著，即组织的提供资源投入平台、建立项目推选机制和激励约束机制等实践对组织宽容失败与员工心理安全的正向关系影响不大。

5.4.2　理论贡献

第一，本章内容证实了在内创业组织情境中，组织宽容失败对员工心理安全有显著的正向影响。现有研究指出，团队倡导宽容能够促使团队成员对工作中的差错及失败保持客观态度，让团队成员更趋于保持乐观、积极的情绪，不再把时间和精力花在抱怨或指责当事人的错误上，由此改善团队人际关系（王重鸣 等，2015）。现有研究主要围绕宽容氛围等支持性组织氛围对心理安全的影响，但宽容失败与心理安全的关系却鲜见研究，有关承担失败责任、失败反思学习与心理安全的关系的研究更少见。因此，本章内容丰富了对宽容失败的研究，拓展了心理安全的前因变量研究。

第二，本章内容证实了包容型领导在组织宽容失败与心理安全关系之间的调节作用。现有文献指出，员工能否感受到心理安全，很大程度上取决于上级对于他们的影响（Edmondson et al.，1999；Tyan et al.，2005）。支持型领导（Roberto et al.，2002）、伦理型领导（Walumbwa et al.，2009）以及包容型领导（冯永春 等，2015）等都有助于提高员工的心理安全感。在组织宽容失败氛围中，包容型领导成为组织宽容氛围的营造者和组织实践的执行者，强化了组织宽容失败与员工心理安全的正向关系，成为组织宽容失败影响员工心理安全的边界条件。本章内容拓展了对领导行为与员工心理安全关系的研究，丰富了对宽容失败发挥作用的情境条件的研究。

第三，本章内容证实了创业赋能策略与员工心理安全的正向关系。尽管现有文献发现，高承诺人力资源管理实践、集体主义导向人力资源管理实践和支持型管理实践等都是影响员工心理安全的重要因素（Collins et al.，2006），但有关管理实践与员工心理安全关系的研究还不多。虽然创业赋能策略对组织宽容失败与员工心理安全关系的调节作用并未得到验证，但对创业赋能策略对心理安全的积极影响的研究拓展了心理安全的前因变量研究，本书丰富了内创业相关研究。

5.4.3 实践价值

第一，本章内容证明，组织应积极营造宽容失败的氛围，勇于承担失败责任，并认真从失败中学习，这样有助于员工获得心理安全感，使员工敢于在组织中畅所欲言、直面批评、提出反传统的观点，而不需要担心人际交往风险，从而促进组织创新、创业活动的开展。

第二，本章指出了组织在倡导宽容失败的同时，要注意宽容有度。员工要具有一定的成本意识和风险意识。组织给员工的心理安全感是在自由、包容和开放的环境下进行探索、创新的安全感，而不是不承担任何风险、追求稳定工作和收入的安全感。

第三，本章指出了在组织中，每一位员工都渴望得到组织的重视、领导的关心与支持。包容型领导所具备的特质，与组织倡导的宽容失败文化相契合，能够提升员工在组织中的心理安全感，激发员工对组织的信任感和认同感。因此，在管理过程中企业需践行以人为本的理念，倡导包容型领导的行为风格。

参考文献

[1] 敖雪．差错管理氛围对员工知识共享行为影响研究——以心理安全感为中介变量［D］．南京：南京航空航天大学，2018.

[2] 常洁，唐朝永，牛冲槐．组织情绪能力与组织创新的关系：心理安全及失败学习的链式中介模型［J］．科技进步与对策，2020（18）：10-17.

[3] 冯瑾．谦卑型领导对员工工作繁荣的影响研究——基于心理安全感的中介［D］．南宁：广西大学，2019.

[4] 耿昕，石金涛，牛盼强．创新气氛对员工创新行为的影响机制综述［J］．现代管理科学，2011（3）：17-19.

[5] 韩平，刘向田，陈雪．企业员工组织信任、心理安全和工作压力的关系研究［J］．管理评论，2017，29（10）：108-119.

[6] 何良兴，张玉利．失败恐惧与创业抉择关系研究——宽容氛围与创业精神的视角［J］．研究与发展管理，2020，32（2）：94-105.

[7] 李宁，严进．组织信任氛围对任务绩效的作用途径［J］．心理学报，2007，39（16）：1111-1121.

[8] 凌斌，段锦云，朱月龙．工作场所中的心理安全：概念构思、影响因素和结果［J］．心理科学进展，2010，18（10）：1580-1589.

[9] 刘宗华，郭昱琅，郑馨怡．主管支持与网络怠工——心理安全和尽责性的作用［J］．管理学刊，2019，32（2）：54-62.

[10] 苏屹，刘敏．共享型领导、心理安全与员工进谏行为［J］．工业工程与管理，2018，23（2）：152-158.

[11] 唐宁玉，张凯丽．包容性领导研究述评与展望［J］．管理学报，2015，12（6）：932-938.

[12] 王忠诚，杨建锋．伦理型领导、心理安全与员工创新行为的关系研究［J］．东岳论丛，2018，39（8）：118-125.

[13] 王重鸣，胡洪浩．创新团队中宽容氛围与失败学习的实证研究［J］．科技进步与对策，2015，32（1）：18-23.

[14] 杨霞，李雯．伦理型领导与员工知识共享行为：组织信任的中介作用和心理安全的调节效应［J］．科技进步与对策，2017，34（17）：143-147.

[15] 张巧巧．谦卑型领导对员工组织认同的影响机制研究［D］．杭州：浙江财经大学，2018.

[16] 张燕，解蕴慧，王泸．组织公平感与员工工作行为：心理安全感的中介作用［J］．北京大学学报：自然科学版，2015，51（1）：180-186.

[17] Carmeli A，Reiter-Palmon R，Ziv E. Inclusive leadership and employee involvement in creative tasks in the workplace：the mediating role of psychological safety ［J］. Creativity Research Journal，2010，22（3）：250-260.

[18] Carmeli A. Social capital，psychological safety and learning behaviours from failure in organisations ［J］. Long Range Planning，2007，40（1）：30-44.

[19] Collins C J，Smith K G. Knowledge exchange and combination：the role of human resource practices in the performance of high-technology firms ［J］. Academy of Management Journal，2006，49（3）：544-560.

[20] Carmeli A，Zisu M. The relational underpinnings of quality internal auditing in medical clinics in Israel ［J］. Social Science & Medicine，2009，68（5）：894-902.

[21] Detert J R，Burris E R. Leadership behavior and employee voice：is the door really open?［J］. Academy of Management Journal，2007，50（4）：869-884.

[22] Edmondson A. Psychological safety and learning behavior in work teams ［J］. Administrative Science Quarterly，1999，44（2）：350-383.

[23] Harvey J F，Johnson K J，Roloff K S，et al. From orientation to behavior：the interplay between learning orientation，open-mindedness，and psychological safety in team learning ［J］. Human Relations，2019，72

(11): 1726-1751.

[24] Kuratko D, Montagno R V, Hornsby J. Developing an entrepreneurial assessment instrument for an effective corporate entrepreneurial environment [J]. Strategic Management Journal, 1990, 11 (S1): 49-58.

[25] Liang J, Farh C I C, Farh J L. Psychological antecedents of promotive and prohibitive voice: a two-wave examination [J]. Academy of Management Journal, 2012, 55 (1): 71-92.

[26] Nembhard I M, Edmondson A C. Making it safe: the effects of leader inclusiveness and professional status on psychological safety and improvement efforts in health care teams [J]. Journal of Organizational Behavior, 2006, 27 (7): 941-966.

[27] Roberto M A. Lessons from everest: the interaction of cognitive bias, psychological safety, and system complexity [J]. California Management Review, 2002, 45 (1): 136-158.

[28] Shin S J, Zhou J. Transformational leadership, conservation, and creativity: evidence from Korea [J]. Academy of Management Journal, 2003, 46 (6): 703-714.

[29] Singh B, Winkel D E, Selvarajan T T. Managing diversity at work: does psychological safety hold the key to racial differences in employee performance? [J]. Journal of Occupational and Organizational Psychology, 2013, 86 (2): 242-263.

[30] Tsui A S, Pearce J L, Porter L W. Alternative approaches to the employee -organization relationship: does investment in employees pay off [J]. The Academy of Management Journal, 1997, 40 (5): 1089-1121.

[31] Walumbwa F O, Schaubroeck J. Leader personality traits and employee voice behavior: mediating roles of ethical leadership and work group psychological safety [J]. Journal of Applied Psychology, 2009, 94 (5): 1275-1286.

PART 6

第六章

心理安全影响员工内创业意愿的过程研究

6.1 回顾文献与提出假设

6.1.1 心理安全与内创业意愿

心理安全会影响个体内部动机、塑造个体角色的心理状态（Kahn et al.，1990）。心理安全可以激发员工的学习潜力和探索精神，促进员工的学习行为，从而提升其工作绩效。心理安全有助于员工在工作中提出新想法，促进员工参与到创新工作中（Kark et al.，2009）。心理安全对员工的学习行为、建言行为、创新行为等有促进作用。而且，当员工能感知到自身与组织有高质量关系时，员工通常会将公司价值观内化于自己的行动中（Antoncic et al.，2011）。

企业的组织文化、战略导向、制度设计、领导类型等因素都会对员工的内创业意愿产生显著的影响。心理安全有助于组织成员之间减少猜忌，促使员工在工作中投入更多的时间和精力（Edmondson et al.，2014）。员工会对内创业活动充满好奇和热情，并积极参与到内创业活动中。同时，员工对心理安全的感知减少了员工对创新失败的顾虑和担忧，员工会更愿意去承担内创业活动的风险。而且，组织心理安全气氛使成员建立彼此信任、相互尊重和互相关心的人际关系，员工更愿意容忍错误、寻求帮助与反馈、互相鼓励、提出不同观点等。基于上述分析，我们提出如下假设：

假设 6-1：心理安全对员工内创业意愿有显著的正向影响。

6.1.2 组织认同的中介作用

组织认同是个体对于其组织成员身份的认可（Mael et al.，1992）。员工的组织认同动机一方面源于自我归类的需要（Tajfel et al.，1981），另一方面源于自我提升的需要（Smidts et al.，2001）。员工的组织认同水平越高，越容易有高水平的合作行为（Kramer et al.，2006）、知识共享行为（杨齐等，2014）、组织公民行为（Van Dick et al.，2006；沈伊默 等，2009）、建言行为（李燕萍 等，2016）、员工创新行为（雷星晖 等，2017）等。

以往的研究发现，组织文化（Schrodt et al.，2002）、组织成员的沟通水平（Smidts et al.，2001）都会影响员工对组织的认同。在良好的组织心理安全环境中，员工能够感知组织的支持，员工不必顾及苛责、蔑视与批评，可以自由地表达个人真实的意见，由此提升了幸福感以及自尊水平（May et al. 2004）。员工在组织中有高水平的心理安全感时，会更加认可其组织成员的身份，表现出更高水平的组织认同感。

组织认同具有持久的情感纽带的特征（Gioia et al.，2000）。当员工具有较强的组织认同感时，其会对组织持一种正向的、积极的态度。这种正向的态度会让员工对组织形成依恋情感，对组织产生归属感，增强作为组织成员的自尊感。而且，组织认同能够帮助员工明确自我定位，通过确定“我来自哪里”“我在干什么”来减少员工的焦虑和不确定感（Richter et al.，2006）。员工越认同组织目标，就越愿意在组织的倡导下开展探索性和创新性工作，愿意积极、主动地参与组织的内创业活动，为组织创造更高的价值。基于上述分析，我们提出如下假设：

假设 6-2：组织认同在心理安全与内创业意愿关系中起中介作用，即心理安全通过影响组织认同水平对员工内创业意愿产生影响。

6.1.3 主人翁意识的调节作用

主人翁意识，在西方的文化语境中被称为心理所有权（杨百寅 等，2013）。心理所有权是人们对物质或非物质形态的目标客体所产生的拥有感（Pierce et al.，1991）。在工作场景中，当员工拥有心理所有权时，他们会倾向于将自己视为组织的主人，积极关注工作目标的实现和组织的发展。

主人翁意识体现了员工对工作的关注程度，员工在工作中越投入，对工作任务的责任感越强，就越愿意积极探索和发现工作的价值，能够充分发挥想象力，创造性地开展工作，提出富有创意的工作解决方案。研究表明，在工作中，个人心理投入的水平越高，其对工作和组织的认同感和归属感越强，越容易有创新性行为（王端旭 等，2009）。而且，员工心理所有权越强，越会在行动和决策中考虑组织的长远利益，愿意承担创新带来的风险，会更加积极主动地投入到有挑战性的创新活动中、支持组织的内创业活动开展。

组织中心理安全的氛围能够让员工自由发表个人观点和看法，而不担心因失败或犯错受到惩罚。如果员工对组织充满信赖感、归属感，将组织视为自己的家，将自己视为工作的主人，那么，员工会更愿意承担风险和责任，为组织长期发展考虑，投入到组织倡导的内创业活动中。因此，高水平的主人翁意识强化了心理安全与员工内创业意愿的正向关系。如果员工对组织缺乏归属感，与组织仅有一种利益交换关系，那么，员工会尽量回避风险，追求工作的安逸和稳定，对内创业缺乏兴趣和热情。因此，低水平的主人翁意识会弱化心理安全与员工内创业意愿的正向关系。基于上述分析，我们提出如下假设：

假设 6-3：主人翁意识会影响心理安全与员工内创业意愿的关系。

6.2 变量测量

课题组在管理咨询公司的协助下按照如下原则筛选出 100 家企业：①企业已开展内创业相关活动；②管理咨询公司调查员可以深入企业面对面发放调查问卷。

我们将收回的数据进行清理后共获取有效样本 575 份。我们将收回的有效样本随机分为样本 1（$n=285$）和样本 2（$n=290$）。样本 1 用于对组织宽容失败量表进行总体分布检验、项目分析和探索性因子分析，样本 2 用于对组织宽容失败量表进行验证性因子分析及信效度分析。

（1）心理安全

本章对心理安全的测量采用的是 Liang 等人（2012）在其研究中所使用的量表。该量表共有 5 个题项，如“在我的工作单位，我可以表达对工作的真实感受。”“在我的工作单位，我可以自由表达我的想法。”“我担心在工作场所表达真实的想法会伤害自己。”其中有 1 题是反向计分题。量表采用 Likert 5 点量表的计分形式，1 分至 5 分依次对应“完全不符合”“比较不符合”“不确定”“比较符合”“完全符合”，反向题计负分。

（2）组织认同

本章对组织认同的测量采用的是 Mael 和 Ashforth（1992）开发的经典量表，该量表有 4 个题项，如“我非常认同组织中的其他成员。”“我愿意在组织中持续工作。”“我不喜欢成为组织中的一员。”其中有 1 题是反向计分题。量表采用 Likert 5 点量表的记分形式，1 分至 5 分依次对应“完全不符合”“比较不符合”“不确定”“比较符合”“完全符合”，反向题计负分。

（3）主人翁精神

本章主人翁精神的测量量表是根据 Dyne 和 Pierce（2004）开发的量表结合访谈调查结论修订而成的。该量表由 7 个题项构成，例如：“我感觉这个组织是我们大家的公司。”“我在这个组织感觉到较高程度的个人所有感。”“我感觉这是我的公司。”量表采用 Likert 5 点量表的记分形式，1 分至 5 分依次对应“完全不符合”“比较不符合”“不确定”“比较符合”“完全符合”。

（4）内创业意愿

本章的内创业意愿量表是在 Antoncic（2001）编制的员工内创业量表和 Pearced（1997）采用的中层管理者内创业量表的基础上编制而成的。该量表共有 6 个题项，例如：“我会考虑通过积极营销刺激市场对公司产品的新需求。”“我会考虑拓宽目前行业的业务范围。”“我会考虑在与当前业务相关的新行业中寻求新业务。”量表采用 Likert 5 点量表的记分形式，1 分至 5 分依次对应“完全不符合”“比较不符合”“不确定”“比较符合”

“完全符合”。

（5）控制变量

根据以往的研究，我们选取性别、年龄、受教育程度、岗位和职位作为控制变量。

6.3 数据分析

6.3.1 信度和效度检验

本章采用的量表都是在国内外成熟量表基础上修订而成的，在正式调研之前我们做过小规模的预调研，并根据预测试的结果和反馈对问卷内容进行了调整，最终制成正式的调查问卷。心理安全、组织认同、主人翁意识和内创业意愿量表的 Cronbach'α 值分别为 0.767、0.816、0.742、0.898（见表 6-1），均在 0.7 以上，各变量具有较好的信度。我们通过验证性因子分析检验了量表的构念信度和区分效度，结果见表 6-2。数据分析结果显示，各变量的标准化因子载荷均在 0.5 以上，符合标准化因子载荷的最低标准；各变量的组合信度均接近或超过 0.7，AVE 值接近 0.5，各变量的平均方差萃取率平方根接近或大于 0.7，其值均大于各变量的相关系数。因此，本章的测量量表具有较好的信度和效度。

表 6-1　变量的构念信度和区分效度检验

变量	信度	组合信度	收敛效度	区分效度
	Cronbach'α	CR	AVE	AVE 平方根
心理安全	0.767	0.689	0.433	0.658
组织认同	0.816	0.818	0.531	0.729
主人翁意识	0.742	0.798	0.451	0.672
内创业意愿	0.898	0.898	0.495	0.704

我们根据各变量的组合构建单因子、两因子、三因子和四因子四个因子模型，验证性因子分析结果见表 6-2，其中四因子结构的拟合指数显著

优于其他竞争模型，证明了本章中的变量没有显著的多重共线性问题。此外，测量模型的拟合度指标分别为：$\chi^2=630.032$、$df=269$、$\chi^2/df=2.342$、$p=0.000$、$GFI=0.919$、$AGFI=0.902$、$CFI=0.945$、$RMSEA=0.048$，各项指标均达到拟合要求的标准，证明测量模型整体拟合度较好。

表 6-2　验证性因子分析结果

模型	χ^2	df	*RMSEA*	*CFI*	*TLI*
四因子 M1	630.032	269	0.048	0.945	0.939
三因子 M2	1042.391	272	0.070	0.882	0.870
两因子 M3	1212.766	274	0.077	0.857	0.843
单因子 M4	1764.447	275	0.097	0.773	0.752

尽管我们在问卷设计与调查过程中采取了引入反向题、隐匿研究意图等措施，但共同方法偏差问题依然存在。考虑到研究中数据来源相同可能带来的同源误差，我们运用 Harman 单因素检验法来检查测量中的共同方法偏差问题。我们通过探索性因子分析提取多个因子，第一个成分的累积方差百分比为 19.662%，小于 30%，说明本章中的量表不存在严重的共同方法偏差问题。

6.3.2　相关分析

我们计算了各变量的相关系数，由表 6-3 可知，心理安全、组织认同、主人翁意识和内创业意愿等变量存在显著的正相关关系，控制变量年龄也与组织认同、主人翁意识和内创业意愿显著正相关。这一分析结果为下一步的回归分析提供了基础。

表 6-3　变量均值、标准差与相关系数矩阵（*n*=573）

变量	均值	标准差	1	2	3	4	5	6	7	8
性别	1.57	0.50	1							
年龄	2.63	1.02	0.047							
学历	1.78	0.68	−0.012	−0.055						

续表

变量	均值	标准差	1	2	3	4	5	6	7	8
岗位	2.48	1.37	-0.020	0.130**	-0.080					
职位	1.84	0.74	-0.068	0.078	0.262**	-0.021				
心理安全	3.27	0.91	0.020	0.051	0.006	-0.003	-0.049			
组织认同	3.49	0.91	0.028	0.135**	-0.014	-0.012	-0.070	0.705**		
主人翁意识	3.37	0.90	0.046	0.173**	0.000	0.008	0.028	0.545**	0.555**	
内创业意愿	3.48	0.86	0.038	0.084*	-0.016	-0.066	-0.003	0.481**	0.544**	0.600**

注：*表示 $p<0.05$，**表示 $p<0.01$，***表示 $p<0.001$。

6.3.3 回归分析

（1）心理安全对内创业意愿的主效应

我们采用层级回归法分析心理安全与内创业意愿的关系，共构建了7个模型，详见表6-4。其中，模型1是将控制变量性别、年龄、学历、岗位、职位等放入模型，检验控制变量对内创业意愿的影响。模型2在控制变量的基础上，加入自变量心理安全，以检验心理安全对内创业意愿的影响。模型3是在主效应的基础上增加中介变量组织认同，旨在检验组织认同在心理安全与内创业意愿之间的中介效应。模型4旨在检验控制变量对中介变量组织认同的影响。模型5旨在控制变量的基础上，检验心理安全对组织认同的影响。模型6旨在控制变量的基础上，检验调节变量主人翁意识对内创业愿意的影响。模型7是在模型3的基础上，增加了调节变量主人翁意识以及心理安全与主人翁意识的交互项，旨在检验主人翁意识在心理安全经由组织认同影响内创业意愿的过程中的调节效应。

模型2的数据分析结果显示，心理安全对员工内创业意愿有显著的正向作用（$\beta=0.478$，$P<0.001$）。因此，假设6-1通过检验，员工的心理安全感越高，员工的内创业意愿越强。

表 6-4　回归分析结果

变量	内创业意愿			组织认同		内创业意愿	
	模型 1	模型 2	模型 3	模型 4	模型 5	模型 6	模型 7
控制变量：							
性别	0.031	0.025	0.023	0.015	0.005	0.008	0.017
年龄	0.093*	0.065	0.023	0.146**	0.106***	-0.011	-0.018
学历	-0.015	-0.026	-0.025	0.014	-0.003	-0.018	-0.020
岗位	-0.079	-0.075*	-0.065	-0.031	-0.024	-0.071	-0.059
职位		0.022	0.040		-0.044	-0.016	0.013
自变量：							
心理安全		0.478***	0.196***		0.697***		-0.099
中介变量：							
组织认同			0.404***				0.275**
调节变量：							
主人翁意识						0.603**	0.263*
交互项：							
心理安全*主人翁意识							0.281*

注：*表示 $p<0.05$，**表示 $p<0.01$，***表示 $p<0.001$，采用双尾检验。

（2）组织认同的中介效应

我们参照温忠麟等人（2004）的中介效应检验方法对变量关系进行检验：在控制变量的基础上，检验心理安全对员工内创业意愿的主效应，得到验证。其次，检验心理安全对组织认同的影响，模型 5 中，心理安全与组织认同呈显著正相关（$\beta=0.697$，$p<0.001$），说明心理安全水平的提高能增强员工对组织的认同。最后，将中介变量组织认同放入心理安全与内创业意愿的主效应关系中，结果显示心理安全对内创业意愿的回归系数显著，但回归系数由 $\beta=0.478$（$p<0.001$）下降到 $\beta=0.196$（$p<0.001$），说明组织认同具有部分中介作用，即心理安全对内创业意愿的影响是通过组织认同来实现的。

我们采用偏差校正的百分位 Bootstrap 法（Preacher et al.，2008）检验了组织认同的中介作用。心理安全通过组织认同作用于员工内创业意愿的检验结果显示（见表 6-5），“心理安全→内创业意愿”的直接效应为 0.182，间接效应为 0.273，置信区间为［0.207，0.366］，不包含 0，影响显著，表明中介作用成立，验证了假设 6-2。

表 6-5　组织认同的中介效应检验（心理安全→内创业意愿）

心理安全→组织认同（95%置信区间）	心理安全→内创业意愿直接效应（95%置信区间）	心理安全→内创业意愿间接效应（95%置信区间）
0.708*** ［0.678，0.738］	0.182*** ［0.136，0.228］	0.273*** ［0.207，0.366］

注：*表示 $p<0.05$，**表示 $p<0.01$，***表示 $p<0.001$，采用双尾检验；Bootstrap = 5000。

（3）主人翁意识的调节作用

模型 6 的数据分析结果表明，主人翁意识对员工的内创业意愿有显著的正向影响（$\beta=0.603$，$p<0.01$），员工的主人翁意识越强，其内创业意愿也就越强烈。模型 7 的数据分析结果见表 6-4，加入心理安全与主人翁意识的交互项后，交互效应显著（$\beta=0.281$，$p<0.05$），初步证明主人翁意识在心理安全和内创业意愿的关系中起调节作用。随后，我们以调节变量主人翁意识均值加、减一个标准差为限，进行对曲线斜率的简单估计。结果见表 6-6。在高水平主人翁意识（$\beta=0.241$，$p<0.001$）以及低水平主人翁意识下（$\beta=0.173$，$p<0.001$），心理安全对员工内创业意愿都有显著正向影响，假设 6-3 得到验证。这一结果表明，高水平主人翁意识会强化心理安全与员工内创业意愿的关系，而低水平主人翁意识会弱化心理安全与员工内创业意愿的关系。

表 6-6　主人翁意识调节效应斜率简单估计值及显著性

调节变量		斜率简单估计值	标准误	*T* 值	*P* 值	95%置信区间	
						下限	上限
主人翁意识	+标准差	0.241***	0.045	5.401	0.000	0.154	0.329
	-标准差	0.173***	0.044	3.967	0.000	0.088	0.259

注：*表示 $p<0.05$，**表示 $p<0.01$；***表示 $p<0.001$，采用双尾检验。

心理安全与组织认同的关系，如图 6-1 所示。表 6-4 的数据表明，主人翁意识调节了心理安全通过组织认同影响内创业意愿的过程。

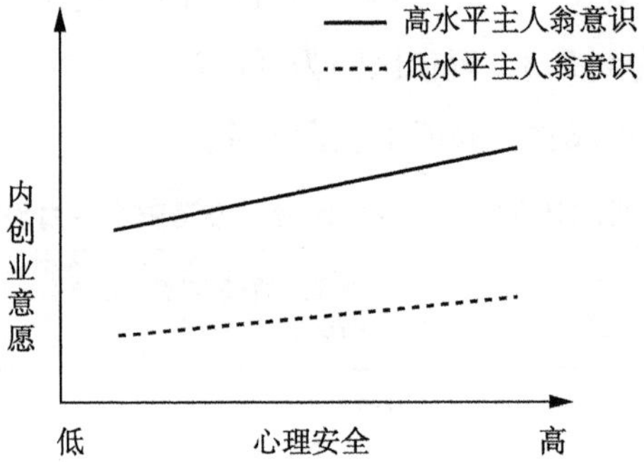

图 6-1　主人翁意识对心理安全与组织认同关系的调节效应

进一步地，我们利用 Bootstrap 法检验了被主人翁意识调节的组织认同中介作用。其中，对主人翁意识通过组织认同调节心理安全与内创业意愿的关系的检验结果见表 6-7，间接效应为 0.183，置信区间为 [0.111，0.251]，不包含 0，影响显著，表明中介作用成立，进一步证实了假设 6-3。

表 6-7　主人翁意识的中介效应检验（心理安全→内创业意愿）

心理安全→内创业意愿 直接效应 (95%置信区间)	心理安全→内创业意愿 间接效应 (95%置信区间)
0.059 [-0.032，0.150]	0.183*** [0.111，0.251]

注：* 表示 $p<0.05$，** 表示 $p<0.01$，*** 表示 $p<0.001$，采用双尾检验；Bootstrap＝5000。

6.4　研究结论与讨论

6.4.1　研究结论

心理安全对于促进员工创造力、建言行为、失败学习行为和创新行为有着积极的影响。我们在深度访谈中发现，员工彼此信任、相互成就的心理安全氛围积极推动了员工对创新的探索和尝试，增强了员工的内创业意愿。那么，心理安全是否会显著影响员工的内创业意愿？其中的影响机制和作用路径是怎样的？为了填补理论研究的缺口，本书检验了心理安全对员工内创业意愿的影响以及组织认同的中介作用和主人翁意识的调节作用。通过对 573 名员工进行调查，我们得到以下主要结论：首先，心理安全对员工内创业意愿有显著的正向影响，员工的内创业意愿会随着心理安全水平的上升而增强。其次，在组织内创业场景中，组织认同对心理安全与员工内创业意愿的关系起到了中介作用，即心理安全会通过组织认同对员工内创业意愿产生影响。最后，主人翁意识在心理安全通过组织认同影响员工内创业意愿的过程中起调节作用，表现为在高水平的主人翁意识影响下，心理安全与员工内创业意愿的正向关系得到强化，在低水平的主人翁意识影响下，心理安全与员工内创业意愿的正向关系被弱化。

6.4.2　理论贡献

首先，本书证实了心理安全对员工内创业意愿有显著的正向影响。大量文献指出，心理安全能够让员工勇于探索和试错，有助于员工进行失败学习、提高知识共享水平、提高创新活动水平。但是，国内外针对心理安全和员工内创业关系的研究比较少见。因此，本书拓展了对心理安全结果变量的研究，丰富了有关员工内创业的研究，为今后的内创业相关研究提供了理论依据。

其次，在社会认同理论的基础上，本书验证了组织认同在心理安全与员工内创业意愿之间起着中介作用。朱晓妹等人（2019）以组织认同为中介变量，探讨了组织心理安全与职业召唤的关系，本书可以被看作对这一研究的延伸与补充，拓展了中国本土情境中有关组织认同结果变量的研究。本书阐述了心理安全通过组织认同影响员工内创业意愿的过程，揭示了在自由、开放和安全的组织环境中，员工通过组织认同实现长远发展和目标的心理路径，拓展并深化了社会认同理论。

最后，本书证实了主人翁意识在心理安全和员工内创业意愿之间的调节作用。主人翁意识是中国本土情境中员工对组织产生的归属感，员工会将组织视为家，对组织和工作产生拥有感，将自己视为企业的主人。员工的主人翁意识会让员工更具内驱力、主动精神、冒险精神，更愿意参与到组织的内创业活动中。本书拓展了心理所有权研究，丰富了中国本土情境中对于主人翁意识的研究，分析了心理安全与内创业意愿关系的边界条件，进一步深化了内创业相关研究。

6.4.3　应用价值

第一，本章内容证实了组织应营造心理安全氛围，让员工处在开放、自由、宽容的工作环境中，让员工能够自由表达、自主决策、主动探索与试错、参加组织内部的创新与创业活动，为组织带来持续发展的生机和活力。同时，在组织中也有部分员工懒惰、不求上进，所以，组织在给予员工安全感的同时，也需要建立灵活的制度去约束员工的行为，避免养懒汉。而且，组织还应该向员工灌输动态的安全理念，帮助员工抛弃追求安逸生活的心态、积极面对多变的组织环境、在发展中求安全、在学习中求进步。

第二，新生代员工已逐步成长为企业里的主力军，一方面，他们具有较强的自我意识，追求自我价值的实现，富有创造力；另一方面，他们漠视集体与权威，懒散、消极、缺乏责任感（Gardner et al.，2008）。根据本章的研究结论，营造良好的心理安全氛围，通过提高新生代员工的组织认同感，激发他们的工作责任感和使命感，充分激发他们的创造力，使他们积极投身内创业活动，实现个人和组织的价值共创，不失为解决新生代员工管理难题的一剂良方。

第三，本章内容表明在推行组织内创业的过程中，组织应该设计配套的股权激励制度或事业合伙人制度，让员工与组织成为利益共同体，在组织内部形成一种合作、开放和共赢的利益共享、风险共担机制，将员工的个人发展和前途命运与组织的发展紧密联系在一起，提高员工的主人翁意识，从而凝聚一批有追求、有意愿、有能力的人抱团创业，积极推动组织创新、创业活动的开展。

参考文献

[1] 敖雪．差错管理氛围对员工知识共享行为影响研究——以心理安全感为中介变量 [D]．南京：南京航空航天大学，2018.

[2] 陈洁．整车企业的纵向一体化策略选择及绩效影响研究 [D]．济南：山东大学，2018.

[3] 陈浩．心理所有权如何影响员工组织公民行为——组织认同与组织承诺作用的比较 [J]．商业经济与管理，2011 (7)：24-30，50.

[4] 陈浩．心理所有权、组织认同与组织公民行为——中国情景下的实证研究 [J]．工业工程，2012，15 (2)：121-127.

[5] 冯永春，周光．领导包容对员工创造行为的影响机理研究——基于心理安全视角的分析 [J]．研究与发展管理，2015，27 (3)：73-82.

[6] 范钧，林东圣．社区支持、知识心理所有权与外向型知识共创 [J]．科研管理，2020，41 (7)：1-10.

[7] 罗瑾琏，花常花，钟竞．谦卑型领导对知识员工创造力的影响及作用机制研究：一个被中介的调节模型——基于社会认知的视角 [J]．研究与发展管理，2016，28 (4)：106-116.

[8] 龙静，汪丽．并购后威胁感知与心理安全对员工创新的影响——基于高科技企业的实证研究 [J]．科学学研究，2011，29 (9)：1382-1388.

[9] 李燕萍，刘宗华，郑馨怡．组织认同对建言的影响：基于组织的自尊和工作价值观的作用 [J]．商业经济与管理，2016 (3)：46-55.

[10] 雷星晖，杨元飞，苏涛永．谦卑领导行为、组织认同与员工创造力的关系研究 [J]．工业工程与管理，2017，22 (1)：154-161.

[11] 刘芳，王浩．组织心理所有权与工作态度、行为和结果的关系研究 [J]．软科学，2010，24 (9)：124-128.

[12] 苏屹，刘敏．共享型领导、心理安全与员工进谏行为 [J]．工业工程与管理，2018，23 (2)：152-158.

[13] 沈伊默，袁登华，张华，等．两种社会交换对组织公民行为的影响：

组织认同和自尊需要的不同作用［J］. 心理学报，2009，41（12）：1215-1227.

［14］唐朝永，陈万明，胡恩华. 变革型领导、心理所有权与失败学习间关系的实证研究［J］. 技术经济，2016，35（9）：43-49，105.

［15］王端旭，朱晓婧，王紫薇. 团队承诺影响研发人员创造力的实证研究：知识共享为中介变量［J］. 科学学与科学技术管理，2009，30（12）：184-187.

［16］温忠麟. 张雷，侯杰泰，等. 中介效应检验程序及其应用［J］. 心理学报，2004，36（5）：614-620.

［17］许红华，刘德森，燕诗舟. 心理所有权对真实型领导与员工建言行为关系的中介作用［J］. 企业经济，2017，36（2）：66-72.

［18］肖志雄，楼健佳. 组织文化和心理所有权对知识型团队知识共享的影响机制研究［J］. 农业图书情报学刊，2016，28（4）：13-16.

［19］谢瑶，顾琴轩. 技能多样性对员工创造力及工作绩效的影响研究——心理所有权与工作反馈视角［J］. 科学学与科学技术管理，2015，36（4）：162-169.

［20］于晓宇，陶向明，李雅洁. 见微知著？失败学习、机会识别与新产品开发绩效［J］. 管理工程学报，2019，33（1）：51-59.

［21］杨齐. 伦理型领导、组织认同与知识共享：心理安全的调节中介作用［J］. 华东经济管理，2014，28（1）：123-127.

［22］朱秀梅，王天东. 创业者幽默如何激发团队创业激情——团队心理安全和团队情感承诺的多重中介作用［J］. 经济管理，2019，41（6）：75-90.

［23］朱晓妹，黄艳，何勤，等. 安全的组织氛围会让员工实现职业召唤吗？组织认同与包容性领导的作用［J］. 中国人力资源开发，2019，36（10）：32-44.

［24］Antoncic B A，Hisrich R D. Intrapreneurship：construct refinement and cross-culture validation［J］. Journal of Business Venturing，2001，16

(5): 495-527.

[25] Brown S P, Leigh T W. A new look at psychological climate and its relationship to job involvement, effort, and performance [J]. Journal of Applied Psychology, 1996, 81 (4): 358-368.

[26] Edmondson A C. Managing the risk of learning: psychological safety in work teams [M]. Cambridge, MA: Division of Research, Harvard Business School, 2002.

[27] Frazier M L, Bowler W M. Voice climate, supervisor undermining, and work outcomes: a group-level examination [J]. Journal of Management, 2015, 41 (3): 841-863.

[28] Gioia D A, Schultz M, Corley K G. Organizational identity, image, and adaptive instability [J]. Academy of Management Review, 2000, 25 (1): 63-81.

[29] Haase H, Franco M. Felix M. Organizational learning and intrapreneurship: evidence of interrelated concepts [J]. Leadership & Organization Development Journal, 2015, 36 (8): 906-926.

[30] Kahn W A. Psychological conditions of personal engagement and disengagement at work [J]. Academy of Management Journal, 1990, 33 (4): 692-724.

[31] Kark R, Carmeli A. Alive and creating: the mediating role of vitality and aliveness in the relationship between psychological safety and creative work involvement [J]. Journal of Organizational Behavior, 2009, 30 (6): 785-804.

[32] Kim H M, Kramer T. The moderating effects of need for cognition and cognitive effort on responses to multi-dimensional prices [J]. Marketing Letters, 2006, 17 (3): 193-203.

[33] Liang J, Farh C I C, Farh J L. Psychological antecedents of promotive and prohibitive voice: a two-wave examination [J]. Academy of Management

Journal, 2012, 55 (1): 71-92.

[34] Mael F, Ashforth B E. Alumni and their alma mater: a partial test of the reformulated model of organizational identification [J]. Journal of Organizational Behavior, 1992, 13 (2): 103-123.

[35] May D R, Gilson R L, Harter L M. The psychological conditions of meaningfulness, safety and availability and the engagement of the human spirit at work [J]. Journal of Occupational and Organizational Ppsychology, 2004, 77 (1): 11-37.

[36] Pierce J L, Kostova T, Dirks K T. Toward a theory of psychological ownership in organizations [J]. Academy of Management Review, 2001, 26 (2): 298-310.

[37] Pierce J L, Gardner D G. Self-esteem within the work and organizational context: a review of the organization-based self-esteem literature [J]. Journal of management, 2004, 30 (5): 591-622.

[38] Preacher K J, Hayes A F. Asymptotic and resampling strategies for assessing and comparing indirect effects in multiple mediator models [J]. Behavior Research Methods, 2008, 40 (3): 879-891.

[39] Richter A W, West M A, Van Dick R, et al. Boundary spanners' identification, intergroup contact, and effective intergroup relations [J]. Academy of Management Journal, 2006, 49 (6): 1252-1269.

[40] Smidts A, Pruyn A T H, Van Riel C B M. The impact of employee communication and perceived external prestige on organizational identification [J]. Academy of Management journal, 2001, 44 (5): 1051-1062.

[41] Schrodt P. The relationship between organizational identification and organizational culture: employee perceptions of culture and identification in a retail sales organization [J]. Communication studies, 2002, 53 (2): 189-202.

[42] Tucker A L, Nembhard I M, Edmondson A C. Implementing new practices: an empirical study of organizational learning in hospital intensive

care units [J]. Management Science, 2007, (53): 894-907.

[43] Van Dyne L, Pierce J L. Psychological ownership and feelings of possession: three field studies predicting employee attitudes and organizational citizenship behavior [J]. Journal of Organizational Behavior: The International Journal of Industrial, Occupational and Organizational Psychology and Behavior, 2004, 25 (4): 439-459.

[44] Xu W, Ge L. Engineering psychology in the era of artificial intelligence [J]. Advances in Psychological Science, 2020, 28 (9): 1409-1425.

[45] Zhu J, Yao J, Zhang L. Linking empowering leadership to innovative behavior in professional learning communities: the role of psychological empowerment and team psychological safety [J]. Asia Pacific Education Review, 2019, 20 (4): 657-671.

PART 7

第七章

组织宽容失败对员工内创业意愿的影响机制研究

7.1 回顾文献与提出假设

7.1.1 组织宽容失败与内创业意愿

内创业意愿是指员工在组织内部参与旨在开拓新业务和提升组织应变能力的所有开创性活动的心理倾向（Gawke et al.，2017）。钱昊（2010）指出，对失败的宽容是员工产生创新意愿的基础。Hutchison - Krupat 和 Chao（2014）发现，员工的创新意愿可以通过营造宽容失败的组织氛围来增强。当员工感知到周围的工作环境能为其新想法或创新行为提供实现条件时，员工追求成就感和实现自我价值的意愿就会增强，从而更容易产生冒险、创新和变革性的内部创业意愿（Leon et al.，2020）。因此，宽容失败的组织会营造宽容氛围，为员工承担风险和损失，帮助员工反思失败、总结经验教训，因此能激发员工创新、创业的激情和活力，增强员工的内创业意愿。

企业通过倡导宽容的文化氛围、鼓励探索和试错、加强失败学习，以及知识共享等来促进内创业。在组织中鼓励创新、宽容失败，对员工的创新、创业成果给予相应的奖励，能够有效地激励员工的内创业行为（Duobiene et al.，2007）。王世强和徐广平（2019）从创业者的角度提出，宽容失败的组织氛围能够使员工在不断创新的过程中提升承担风险的能力，促使员工不断挑战自我、坚定创业的理想信念。组织在实施变革和创新过程中，遭遇失败是不可避免的，表现越好的创新团队在初始时越会犯更多的错误（Edmondson et al.，1999），因此，组织必须营造宽容失败和鼓励试错的氛围，帮助成员克服对失败的恐惧，使成员认识到一些智慧型、价值型的失败可以为团队带来新的知识和价值（Edmondson et al.，2011）。团队营造的宽容氛围能够使团队成员更乐观、积极，不再花时间和精力抱怨或指责当事人的错误，改善了团队人际关系，使成员相互信赖（王重鸣等，2015）。相反，当团队成员有怨恨或消极情绪时，他们的工作表现和最终绩效结果都难以维持和改善。而且，团队倡导的宽容态度使领导者和团队成员能够对各方的错误和失败作出客观判断，允许团队成员持有不同的意见，能够减少领导者与成员、成员与成员的冲突，增强团队凝聚力（丁晓斌 等，2016）。蔺海沣和赵敏（2016）以科研团队为研究对象，发现宽容失败的氛围有利于团队的科研创新。

Liu 等人（2019）指出，在宽容失败的组织中，经历过失败的领导会对自身或者组织作出一定的改变和创新。Dias 和 Martens（2019）通过实证研究，发现宽容氛围会通过失败反思学习影响团队创新。于晓宇等（2019）指出，接受失败并从失败中学习，能够促进个人的创新意愿以及创新行为。Alipour 等人（2011）发现，学习型组织会促进员工的创新思维，鼓励员工提出新想法、新观点，并对员工的探索性创新行为给予肯定与奖励。企业倡导知识共享，促进团队成员之间的知识整合和知识创造，加强团队成员的相互信任与合作，从而积极推动内创业活动（金肖临 等，2018）。谢雅萍和陈睿君（2018）提出，团队接受失败并从失败中学习，可以增强团队的创新意愿，从而取得创新成功。而且，团队通过营造宽容氛围，加强沟通协作、弥补过失、鼓励失败学习、提升团队创造力，进而提高团队绩效（房晓冉 等，2018）。Shepherd 等人研究了科学家在科研失败之后的情绪管理过程，提出了对于失败的一些常态化处理措施。失败是经常发生的，常态化的处理措施可以有效地减少员工失败后的负面情绪，并促使员工把精力投入失败学习（Shepherd et al.，2012）。失败学习可以提升员工的技能和知识丰富度，为员工内创业提供一定的支持，有利于员工内创业意愿的产生（朱思因 等，2020）。基于以上分析，我们提出如下假设：

假设 7-1：组织宽容失败对员工内创业意愿有显著的正向影响。

7.1.2　心理安全的中介作用

心理安全是指员工可以在组织中自由发表个人真实意见，敢于探索和尝试，不担心人际风险，也不担心因失败或犯错而受到惩罚。耿昕等人（2011）认为，组织创新氛围有助于员工大胆地表达自己的新想法、新观点，能够提高员工的心理安全感。差错管理氛围提倡员工互相沟通、互相学习以及互相帮助，对员工的差错有较强的容忍度，从而减少了员工对犯错受惩罚的担忧，有助于员工提升心理安全感。组织能够正确看待失败，并愿意与员工一起承担失败造成的损失，减少了员工对失败的恐惧，从而加大了员工对组织安全氛围的感知力度（韩平 等，2017）。失败反思学习能够鼓励员工真实表达个人观点，以团队和组织发展为目的，就事论事，不担心得罪人，不害怕破坏人际关系，不担心犯错可能带来的惩罚，提高了员工的心理安全感（Harvey et al.，2019）。因此，组织宽容失败能够提升员工的心理安全感。

宽容失败的组织鼓励员工自由表达意见，允许员工犯错和试错，鼓励员工从失败中学习，让员工产生人际安全感和对组织的信赖感，减少员工不必要的担心和顾虑，激发员工的工作兴趣和激情，让员工勇于冒险、敢于探索、不畏惧失败，并且更愿意去承担内创业活动的风险；让员工彼此信任、相互尊重，更愿意容忍错误、寻求帮助与反馈，积极参与组织的内创业活动。因此，我们提出如下假设：

假设 7-2：心理安全在组织宽容失败与员工内创业意愿之间起中介作用。即组织宽容失败通过心理安全对员工内创业意愿产生影响。

7.1.3　创业赋能策略的调节作用

创业赋能策略是企业为了开展内创业活动所实施的提供资源投入平台、制定项目推选机制、建立激励约束机制等一系列举措。企业制度环境是影响员工参与内创业活动的重要因素。资源是创业不可或缺的关键要素（Timmons et al.，2004）。吴建祖等人（2015）指出，员工所感知的创业环境氛围会直接影响员工参与内创业活动的积极性和主动性。在支持性的组织环境中，员工拥有更加充分的资源和自由来开展内创业活动，相反，当员工发觉组织资源匮乏、创业措施落实不到位时，员工更愿意选择低风险和能够获得较高短期回报的工作，放弃高风险和回报不确定的创新、创业活动。邢蕊和王国红（2015）发现，企业创新离不开信息和资源的支持。组织提供的内外部资源有助于员工获取丰富的市场信息以及资金、技术和人力资源支持，使员工更有机会识别市场需求、发现潜在机会、建立合作创新网络，促进员工的关系资源积累和创新能力提升，加强员工对创新可行性的研判，降低员工参与内创业活动的风险。而且，公司提供支持性的创新、创业资源，不仅可以激发中层管理者在公司内创业方面的兴趣，还能影响他们的下属对创业的信念（Kuratko et al.，1993；Stopford et al.，1994；Peare et al.，1997）。因此，制定创业项目推选机制、建立与内创业配套的激励与考核制度等措施会激发员工的创业热情（Sambrook et al.，2005）。

组织创业赋能策略的支持，提高了员工内创业成功的可能性，增强了员工开展内创业活动的意愿。在上述分析的基础上，我们提出如下假设：

假设 7-3：创业赋能策略会调节组织宽容失败与员工内创业意愿之间经由心理安全产生的间接效应。

7.1.4 风险偏好的调节作用

风险偏好是指个体在不确定的环境中对待风险的态度或行为（Koh et al.，1996）。一般情况下，人们在进行选择时，往往会选择成功概率大且损失小的事件（喻自觉 等，2007），高风险偏好者会主动追求风险，低风险偏好者则会回避风险。

创新是具有高风险特征的活动，所以，员工的高风险偏好能促进员工创新行为的产生（Raider-Roth et al.，2018）。在领导充分授权的条件下，具有高风险偏好特征的员工更愿意尝试探索和冒险（刘文兴 等，2010）。而且，风险偏好较高的员工在感知到领导的信任后，会降低自身对失败的畏惧，提高创新的自我效能感，提出更多新的想法，进而更容易进行创新（李宏利 等，2018；Globocnik et al.，2019）。

由于创业本身是一个高风险的创新活动（Soraperra et al.，2015），所以，个体的高风险偏好也有利于创业行为的产生。王勇和丁桂凤（2017）分别以农民工和大学生为研究对象，发现风险偏好越高的个体，越有可能进行高风险活动，从而产生创业行为。侯飞（2014）也发现，创业者的高风险偏好对其创业意愿有显著的正向影响。由此可知，风险偏好低的个体在面临不确定情境时，易产生担忧、焦虑情绪，倾向于回避风险。高风险偏好倾向对创业意愿有很强的正向影响（Dost et al.，2018）。刘万利和胡培（2010）通过研究风险偏好和创业者行为的关系，发现风险偏好会影响个体的创业决策。

在组织宽容失败的氛围中，员工愿意自由表达观点、主动尝试探索与创新，高风险偏好者更有可能产生创新和创业的意愿，低风险偏好者的创新与创业意愿会相对较弱。因此，我们提出如下假设：

假设 7-4：员工的风险偏好会调节组织宽容失败与员工内创业意愿之间经由心理安全产生的间接效应。

7.1.5　创业赋能策略与员工风险偏好的联合效应

个体创业决策是个体动机和外界环境交互作用的结果。在组织宽容失败的氛围中，员工敢于自我表达、承担失败，不惧人际风险。组织为创业提供支持性措施，会更加促进具有高风险偏好特征的员工参与到组织的内创业活动中。因此，我们提出如下假设：

假设 7-5：创业赋能策略与员工风险偏好的联合效应会调节组织宽容失败与员工内创业意愿之间经由心理安全产生的间接效应。

7.2　变量测量

课题组在管理咨询公司的协助下按照如下原则筛选出 100 家企业：①企业已开展内创业相关活动；②管理咨询公司调查员可以深入企业面对面发放调查问卷。

我们将收回的数据进行清理后共获取有效样本 575 份。我们将收回的有效样本随机分为样本 1（$n=285$）和样本 2（$n=290$）。样本 1 用于对组织宽容失败量表进行总体分布检验、项目分析和探索性因子分析，样本 2 用于对组织宽容失败量表进行验证性因子分析及信效度分析。

（1）组织宽容失败

本章对宽容失败的测量采用的是自主开发的量表，由营造宽容氛围、承担失败责任和失败反思学习三个维度构成，共 19 个题项，如“我的组织允许员工发表不同意见和建议。”“我的组织能够包容员工的过失或错误。”“组织鼓励员工询问有没有更好的方式提供产品或服务。”量表采用 Likert 5 点量表的计分形式，1 分至 5 分依次对应“完全不符合”“比较不符合”“不确定”“比较符合”“完全符合”。

（2）心理安全

本章对心理安全的测量采用的是 Liang 等人（2012）在其研究中使用的量表。该量表共有 5 个题项，如“在我的工作单位，我可以表达我对工作的真实感受。”“在我的工作单位，我可以自由表达我的想法。”“我担心在工作场所表达真实的想法会伤害自己。”其中有 1 题是反向计分题。量表均采用 Likert 5 点量表的计分形式，1 分至 5 分依次对应“完全不符合”“比较不符合”“不确定”“比较符合”“完全符合”，反向题计负分。

（3）创业赋能策略

创业赋能策略量表是我们在 Kuratko 等人（1990）开发的创业环境量表的基础上，结合深度访谈的编码分析修订而成的。该量表包括 6 个题项，如“组织对内创业项目给予资金、信息、人脉等支持。”“组织对内创业项目的选拔有评审流程。”“组织对参加组织内创业的员工给予利益分享。”量表采用 Likert 5 点量表的计分形式，1 分至 5 分依次对应“完全不符合”“比较不符合”“不确定”“比较符合”“完全符合”。

（4）风险偏好

风险偏好量表是我们在刘文兴等人（2013）采用的风险偏好量表的基础上修订而成的。该量表共有 4 个题项，如“在面对重大决策时，我经常采取冒险策略。”“与可能的损失相比，我更关心自己可能获得的收益。”其中有2题为反向计分题。量表采用Likert 5点量表的记分形式，1分至5分依次对应“完全不符合”“比较不符合”“不确定”“比较符合”“完全符合”。

（5）内创业意愿

内创业意愿量表是我们在Antoncic（2001）编制的员工内创业量表和Pearced（1997）采用的中层管理者内创业量表的基础上修订、编制而成的。该量表共有6个题项，如“我会考虑通过积极营销刺激市场对公司产品的新需求。”“我会考虑拓宽目前行业的业务范围。”“我会考虑在与当前业务相关的新行业中寻求新业务。”量表采用Likert 5点量表的记分形式，1分至5分依次对应“完全不符合”“比较不符合”“不确定”“比较符合”“完全符合”。

（6）控制变量

我们根据以往的研究，选取性别、年龄、学历、岗位和职位作为控制变量。

7.3　数据分析

7.3.1　信度与效度检验

本章的组织宽容失败量表是自主开发的量表，经检验（检验过程见第四章）证明具有较好的信度和效度。其他量表是我们在国内外成熟量表基础上结合深度访谈的内容修订而成的，我们在正式调研之前做过小规模的预调研，并依据预调研的反馈结果对问卷内容进行了调整和修改，最终制成正式的调查问卷。宽容失败、心理安全、创业赋能策略、风险偏好和内创业意愿的Cronbach'α值分别为0.936、0.767、0.851、0.747、0.898（见表7-1），均在0.7以上，各变量具有较好的信度。

我们通过验证性因子分析检验了量表的构念信度和区分效度。数据分析结果见表 7-2。各变量的标准化因子载荷均在 0.5 以上，达到标准化因子载荷的最低标准；各变量的组合信度均超过 0.7，AVE 值接近 0.5，各变量的平均方差萃取率平方根接近或大于 0.7，其值均大于各变量的相关系数。因此，本章的测量变量具有较好的信度和效度。

表 7-1　变量的构念信度和区分效度检验

变量	信度	组合信度	收敛效度	区分效度
	Cronbach'α	CR	AVE	AVE 平方根
组织宽容失败	0.936	0.936	0.424	0.651
心理安全	0.767	0.784	0.471	0.687
创业赋能策略	0.851	0.853	0.493	0.702
风险偏好	0.747	0.752	0.433	0.658
内创业意愿	0.898	0.890	0.503	0.709

我们根据变量的组合构建 M1、M2、M3、M4、M5 五个因子模型，验证性因子分析结果见表 7-2，其中五因子结构的拟合指数显著优于其他竞争模型，这说明本章中的变量没有显著的多重共线性问题。此外，测量模型的拟合度指标分别为：$\chi^2=2894.251$、$df=935$、$\chi^2/df=3.095$、$p=0.000$、$GFI=0.892$、$CFI=0.885$、$RMSEA=0.060$，各项指标基本达到拟合要求的标准，说明测量模型整体拟合度好。

表 7-2　验证性因子分析结果

模型	χ^2	df	RMSEA	CFI	TLI
五因子 M1	2894.251	935	0.060	0.885	0.896
四因子 M2	3365.325	939	0.067	0.808	0.797
三因子 M3	3643.028	942	0.071	0.786	0.775
两因子 M4	3880.408	944	0.074	0.767	0.756
单因子 M5	4447.178	945	0.080	0.723	0.709

本书采取了隐匿研究目的、引入反向题等措施来尽可能避免共同方法偏差的问题。但是，考虑到研究样本的数据来源相同，还是可能会造成同源误差，我们采用 Harman 单因素检验法来检验量表的共同方法偏差问题，

通过探索性因子分析提取多个因子，第一个成分解释的累积方差百分比为12.277%，小于30%，说明本量表不存在严重的共同方法偏差问题。

7.3.2 相关分析

各变量的相关系数见表7-3，组织宽容失败、心理安全、创业赋能策略、风险偏好和内创业意愿存在显著的正相关关系。相关结果为下一步的回归分析提供了数据分析基础。

表7-3 变量均值、标准差与相关系数矩阵（$n=573$）

变量	均值	标准差	1	2	3	4	5	6	7	8	9
性别	1.57	0.50	1								
年龄	2.63	1.02	0.047								
学历	1.78	0.68	-0.012	-0.055							
岗位	2.48	1.37	-0.020	0.130**	-0.080						
职位	1.84	0.74	-0.068	0.078	0.262**	-0.021					
组织宽容失败	3.37	0.78	0.066	0.047	0.042	0.000	-0.048				
心理安全	3.27	0.91	-0.030	-0.039	0.027	-0.028	-0.044	0.516**			
创业赋能策略	3.31	0.85	0.042	0.063	0.037	0.048	-0.026	0.720**	0.522**		
风险偏好	3.29	0.87	0.051	0.012	0.033	-0.016	-0.062	0.516**	0.568**	0.530**	
内创业意愿	3.48	0.86	0.038	0.084*	-0.016	-0.066	-0.003	0.611**	0.514**	0.606**	0.542**

注：* 表示 $p<0.05$，** 表示 $p<0.01$，*** 表示 $p<0.001$。

7.3.3 回归分析

（1）组织宽容失败对员工内创业意愿的主效应

我们采用层级回归法检验组织组织宽容失败与员工内创业意愿的关系。首先，我们将内创业意愿设为因变量，在模型中放入控制变量，构成模型1，随后加入自变量宽容失败，构成模型2，结果见表7-4。由表可知，在控制了性别、年龄、学历、岗位和职位等变量之后，模型 2 中组织宽容失败对内创业意愿的影响回归系数为 0.613，在 $p<0.001$ 下显著，假设 7-1 得到支持。

表 7-4　回归分析结果

变量	内创业意愿						心理安全	
	模型 1	模型 2	模型 3	模型 4	模型 5	模型 6	模型 7	模型 8
控制变量：								
性别	0.031	-0.005	0.012	0.016	0.008	0.001	-0.032	-0.063
年龄	0.093	0.061	0.076	0.069	0.069	0.066	-0.028	-0.056
学历	-0.015	-0.053	-0.054	-0.056	-0.055	-0.057	0.037	0.004
岗位	-0.079	-0.078	-0.072	-0.081	-0.068	-0.068	-0.023	-0.022
职位	-0.006	0.033	0.039	0.038	0.045	0.039	-0.054	-0.02
自变量：								
组织宽容失败		0.613***	0.468***	0.229***	0.346***	0.230***		0.522***
中介变量：								
心理安全			0.277***	0.219***	0.093*	0.163***		
调节变量：								
创业赋能策略				0.174**		-0.383***		
风险偏好					0.095	0.759***		
心理安全*风险偏好					0.269***	0.966***		
心理安全*创业赋能策略				0.180**		-0.910***		
心理安全*创业赋能策略*风险偏好						0.115		

注：* 表示 $p<0.05$，** 表示 $p<0.01$，*** 表示 $p<0.001$，采用双尾检验。

（2）心理安全的中介效应

我们参照温忠麟等人（2004）的中介效应检验方法对心理安全的中介效应进行检验。首先，我们在控制变量的基础上，检验组织宽容失败对员工内创业意愿的主效应，这在假设1中已得到验证。其次，我们检验组织宽容失败对员工心理安全的影响，以心理安全为因变量，在模型中放入控制变量，构成模型7，然后加入自变量组织宽容失败，构成模型8。在模型8中，组织宽容失败与心理安全呈显著正相关（$\beta=0.522$，$p<0.001$），证明组织宽容失败程度的提高能增强员工心理安全感。最后，我们将中介变量心理安全放入组织宽容失败与内创业意愿的主效应关系中，构成模型3，结果显示心理安全对内创业意愿的影响回归系数为正且显著（$\beta=0.277$，$p<0.001$），而且，组织宽容失败对内创业意愿的影响回归系数仍显著，但回归系数由$\beta=0.613$（$p<0.001$）下降到$\beta=0.468$（$p<0.001$），证明心理安全具有部分中介作用，即组织宽容失败会通过心理安全影响员工内创业意愿。

我们采用偏差校正的百分位 Bootstrap 法进一步检验了心理安全的中介作用。其中，组织宽容失败通过心理安全作用于员工内创业意愿的检验结果见表7-5，直接效应为0.516，间接效应为0.153，置信区间为［0.085，0.204］，不包含0，表明部分中介作用成立，支持假设7-2。

表7-5　心理安全的中介效应检验（组织宽容失败→内创业意愿）

组织宽容失败→心理安全（95%置信区间）	组织宽容失败→内创业意愿直接效应（95%置信区间）	组织宽容失败→内创业意愿间接效应（95%置信区间）
0.494*** ［0.460，0.528］	0.516*** ［0.475，0.557］	0.153*** ［0.085，0.204］

注：* 表示 $p<0.05$，** 表示 $p<0.01$，*** 表示 $p<0.001$，采用双尾检验；Bootstrap = 5000。

（3）创业赋能策略的调节效应

我们在模型3的基础上加入了调节变量创业赋能策略、心理安全与创业赋能策略的交互项构成模型4。由表7-4可知，加入交互项后，交互效应正向显著（$\beta=0.180$，$p<0.01$），初步证明创业赋能策略在心理安全和

内创业意愿的关系中起调节作用。之后，我们以调节变量创业赋能策略均值加、减一个标准差为限，进行对曲线斜率的简单估计。数据分析结果见表 7-6，在高水平创业赋能策略（$\beta=0.283$，$p<0.001$）以及低水平创业赋能策略的影响下（$\beta=0.354$，$p<0.001$），组织宽容失败对员工内创业意愿都有正向显著影响，假设 7-3 得到验证。

表 7-6　创业赋能策略调节效应斜率简单估计值及显著性

调节变量		斜率简单估计值	标准误	*T* 值	*P* 值	95%置信区间	
						下限	上限
创业赋能策略	+标准差	0. 283***	0. 047	5. 954	0. 000	0. 190	0. 376
	-标准差	0. 354***	0. 053	6. 656	0. 000	0. 250	0. 458

注：*表示 $p<0.05$，**表示 $p<0.01$，***表示 $p<0.001$，采用双尾检验。

根据 Aiken 和 West（1991）的方法，我们进一步验证创业赋能策略的调节作用。在创业赋能策略平均值加、减各一个标准差的情况下，组织宽容失败与员工内创业意愿的关系如图 7-1 所示。数据分析结果表明，创业赋能策略调节了组织宽容失败通过心理安全影响员工内创业意愿的过程。在高水平创业赋能策略的影响下，组织宽容失败给员工带来的心理安全感与员工内创业意愿的关系被强化；而在低水平创业赋能策略的影响下，员工心理安全感与内创业意愿的关系被弱化。

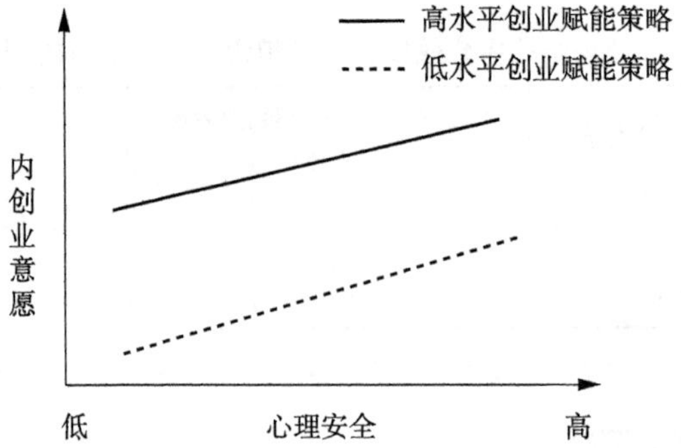

图 7-1　创业赋能策略对心理安全与内创业意愿关系的调节效应

进一步地，我们利用 Bootstrap 法分别检验了被创业赋能策略调节的心理安全中介作用。结果见表 7-7，间接效应为 0.122，置信区间为[0.071，0.178]，不包含 0，表明中介作用成立，支持假设 7-3。

表 7-7　创业赋能策略调节的中介效应检验（组织宽容失败→内创业意愿）

组织宽容失败→内创业意愿 直接效应 （95%置信区间）	组织宽容失败→内创业意愿 间接效应 （95%置信区间）
3.308 [0.200，0.465]	0.122* [0.071，0.178]

注：* 表示 $p<0.05$，** 表示 $p<0.01$，*** 表示 $p<0.001$，采用双尾检验；Bootstrap = 5000。

（4）员工风险偏好的调节效应

我们在模型 3 的基础上加入了调节变量风险偏好、心理安全与风险偏好的交互项构成模型 5。由表 7-4 可知，加入交互项后，交互效应显著（$\beta=0.269$，$p<0.01$），初步证明风险偏好对心理安全和内创业意愿的关系起调节作用。随后，我们以调节变量风险偏好均值加、减一个标准差为限，进行对曲线斜率的简单估计。结果见表 7-8，在高风险偏好（$\beta=0.536$，$p<0.001$）以及低风险偏好影响下（$\beta=0.460$，$p<0.001$），组织宽容失败对员工内创业意愿有正向显著影响，假设 7-4 得到验证。

表 7-8　风险偏好调节效应斜率简单估计值及显著性

调节变量		斜率简单估计值	标准误	T 值	P 值	95%置信区间	
						下限	上限
风险偏好	+标准差	0.536***	0.048	11.090	0.000	0.442	0.631
	-标准差	0.460***	0.046	9.979	0.000	0.370	0.550

注：* 表示 $p<0.05$，** 表示 $p<0.01$，*** 表示 $p<0.001$，双尾检验；Bootstrap = 5000。

为了进一步验证风险偏好的调节作用，我们根据 Aiken 和 West（1991）的方法，检验在风险偏好平均值加、减一个标准差的情况下，组织宽容失败与员工内创业意愿的关系。数据分析结果如图 7-2 所示，风险偏好调节了组织宽容失败通过心理安全影响内创业意愿的过程。

进一步地，我们利用 Bootstrap 法检验了被风险偏好调节的心理安全中介作用。结果见表 7-9，间接效应为 0.098，置信区间为［0.047，

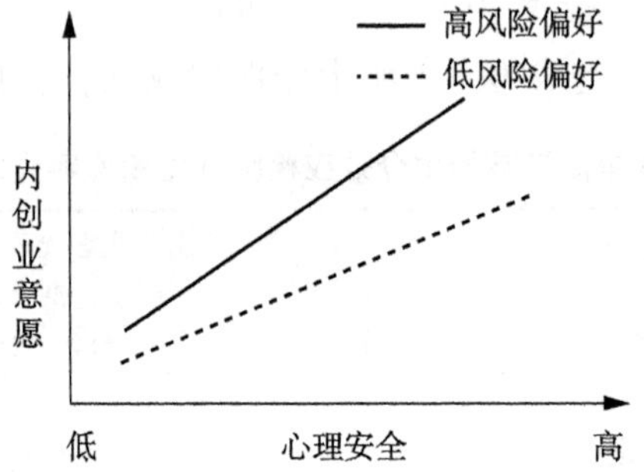

图 7-2　风险偏好对心理安全与内创业意愿关系的调节效应

0.161]，不包含 0，表明中介作用成立，假设 7-4 得到支持。

表 7-9　风险偏好调节的中介效应检验（组织宽容失败→内创业意愿）

组织宽容失败→内创业意愿 直接效应 （95%置信区间）	组织宽容失败→内创业意愿 间接效应 （95%置信区间）
0.440*** [0.321，0.560]	0.098* [0.047，0.161]

注：*表示 $p<0.05$，**表示 $p<0.01$，***表示 $p<0.001$，采用双尾检验；Bootstrap=5000。

（5）创业赋能策略与员工风险偏好的联合调节效应

我们在模型 3 的基础上加入了调节变量创业赋能策略、风险偏好、心理安全与创业赋能策略交互项、心理安全与风险偏好的交互项以及心理安全、创业赋能策略与风险偏好的交互项构成模型 6。由表 7-5 可知，加入联合交互项后，联合交互效应不显著（$\beta=0.115$，$P>0.1$），表明创业赋能策略与风险偏好交互作用没有对心理安全和内创业意愿的关系起到调节作用，假设 7-5 没有得到支持。

7.4　结论与讨论

7.4.1　研究结论

现有文献指出，营造组织宽容失败氛围能让员工敢于冒险、积极探索与尝试，从而表现出更强的创新意愿。我们在深度访谈中发现，组织宽容失败确实增强了员工内创业意愿，但是，组织宽容失败影响员工内创业意愿的影响机制和路径尚不清晰。为了填补理论研究的缺口，我们检验了组织宽容失败对员工内创业意愿的影响以及心理安全的中介作用和创业赋能策略与员工风险偏好的调节作用。通过对 573 名员工的问卷调查，我们得到以下主要研究结论：第一，组织宽容失败对员工内创业意愿有显著的正向影响，组织中宽容失败氛围越浓厚，员工的内创业意愿越强。第二，在组织内创业情境中，心理安全对组织宽容失败与员工内创业意愿的关系起中介作用，即组织宽容失败会通过心理安全对员工内创业意愿产生影响。第三，创业赋能策略在组织宽容失败通过心理安全影响员工内创业意愿的过程中起调节作用，在高水平创业赋能策略的影响下，组织宽容失败与员工内创业意愿的正向关系得到强化，在低水平创业赋能策略的影响下，组织宽容失败与员工内创业意愿的正向关系被弱化。第四，员工的风险偏好在组织宽容失败通过心理安全影响员工内创业意愿的过程中起调节作用，具有高风险偏好特征的员工，在组织宽容失败氛围中会表现出较强的内创业意愿，而具有低风险偏好特征的员工则会表现出较弱的内创业意愿。第五，创业赋能策略与员工风险偏好的联合效应并未在组织宽容失败通过心理安全影响员工内创业意愿的过程中起到调节作用。

7.4.2　理论贡献

首先，本章内容揭示了组织宽容失败对员工内创业意愿有显著的正向影响。近年来，尽管社会舆论大力呼吁企业在创新、创业中应宽容员工的失败，但有关宽容失败与创业关系的研究非常匮乏，且仅限于强调宽容失败的重要性，缺乏对宽容失败的实证研究。国内外文献中，与宽容失败相关的研究是关于宽容氛围的。但是，有关宽容氛围的研究往往局限在团队层面，而且，宽容氛围的范畴比宽容失败小，内涵不如宽容失败丰富。因此，本章内容丰富了宽容失败的相关研究，拓展了员工内创业的前因变量研究，为开展内创业的组织环境研究奠定了良好的基础。

其次，本章内容揭示了心理安全在宽容失败与内创业意愿之间的中介作用。目前，有关心理安全的研究，聚焦于团队领导行为对员工心理安全的影响上，缺乏有关组织文化、组织实践等对员工心理安全影响的研究；而且大多数研究关注的是团队心理安全对员工学习行为和创新行为的影响，缺乏对心理安全与员工内创业关系机制的系统研究。我们发现，组织通过倡导宽容文化、承担失败责任、反思失败、营造宽容失败的氛围，能够让员工畅所欲言、不惧人际风险、敢于冒险和试错、积极投入组织内创业活动。因此，本章内容丰富了对心理安全的前因和后果变量的研究，拓展了对组织内创业情境中员工心理安全的研究。

再次，本章内容揭示了创业赋能策略在宽容失败与内创业意愿之间的调节作用。组织内创业活动的开展，不仅需要有宽容失败的组织氛围，还要有强有力的制度保障。企业提供充足的创业资源、建立内创业项目推选制度、制定激励约束机制，能够使组织宽容失败的文化和理念落地，为员工内创业提供制度保障，让员工的内创业从计划走向行动。本章内容丰富了对内创业的组织环境因素的研究，拓展了对宽容失败与内创业意愿之间组织情境条件的研究，突出了在推动内创业过程中组织制度的重要作用。

最后，本章内容揭示了风险偏好在宽容失败与员工内创业意愿之间的调节作用。在组织推动内创业活动的过程中，一批具有主动意识、冒险精神和创新意识的员工主动探索和尝试，积极投身内创业活动，成为内创业项目创始人或负责人。在相同的组织环境中，具有高风险偏好特征的员工更适合成为内创业者，带领团队开拓进取。因此，本章内容深化了对内创业者特质的研究，拓展了对组织宽容失败与内创业意愿之间边界条件的研究，丰富了内创业理论研究。

7.4.3 应用价值

第一，本章内容证实了在内创业活动中，组织应鼓励成员理解失败、允许失败、容忍失败，避免员工因失败而相互指责，打破“成王败寇”的理念，让每个成员都认识到“失败是走向成功的过程”，通过失败反思学习，总结失败经验，提高内创业成功的可能性，激发员工的内创业意愿。

第二，本章内容证实了为了推动组织内创业活动、提高员工内创业意愿，组织应该采取一系列扶持措施。组织应该为内创业提供充分的内外部资源，包括资金、技术、信息和人力资源等。资源是开展内创业的基础条件，一味口头鼓励员工创业却没有实质性投入，无异于纸上谈兵。组织还应该制定内创业项目推选制度，让内创业项目自下而上自发涌现，并通过竞争机制，让优秀的项目脱颖而出，提高内创业项目的成功率。组织应采取内创业的配套激励措施，让参与内创业的员工能够共享创业成果。

第三，本章内容证实了组织应建立内创业者的选拔和培育机制。内创业项目的成功主要依靠团队，特别是团队负责人。内创业者必须具有主动意识、高风险偏好和创新精神，这些特质能够帮助团队克服创业困难，快速优化和迭代产品，最终取得创业成功。所以，组织在挑选和评估内创业团队时，应考虑团队领导与成员的个性特质。同时，企业还应该通过创新、创业教育，提高员工的创新意识和风险意识，增强员工的自驱力。

参考文献

[1] 丁晓斌，李志刚．领导者情绪智力、团队宽容氛围对边界管理的影响——一个有中介的交互效应模型构建［J］．领导科学，2016（29）：38-41.

[2] 丁桂凤，候亮．大学生自恋与创业意向的关系［J］．中国心理卫生杂志，2017，31（2）：156-161.

[3] 杜建政，赵国祥，刘金平．测评中的共同方法偏差［J］．心理科学，2005，28（2）：420-422.

[4] 房晓冉，王兴元．团队宽容氛围与创客团队绩效：沟通协作的中介机制研究［J］．企业经济，2018，（11）：142-148.

[5] 樊耘，纪晓鹏，邹艺．中层管理者多重角色行为对企业绩效影响的实证研究［J］．管理工程学报，2012，26（2）：1-11.

[6] 耿昕，石金涛，牛盼强．创新气氛对员工创新行为的影响机制综述

[J]. 现代管理科学，2011（3）：17-19.
[7] 韩平，刘向田，陈雪. 企业员工组织信任、心理安全和工作压力的关系研究 [J]. 管理评论，2017，29（10）：108-119.
[8] 侯飞. 创业者特质与创业倾向关系实证研究 [J]. 管理现代化，2014，34（3）：52-54.
[9] 金肖临，田新民，李旭. 团队社会资本对内创业行为的影响机制研究 [J]. 上海管理科学，2018，40（4）：27-31.
[10] 蔺海沣，赵敏，廖沁. "双一流"背景下高校科研行动的负责任创新研究 [J]. 江苏高教，2018（4）：17-21.
[11] 刘文兴. 授权领导与员工创新行为：角色认同、自我效能感及风险偏好的影响 [D]. 武汉：华中科技大学，2010.
[12] 刘万利，胡培. 创业风险对创业决策行为影响的研究——风险感知与风险倾向的媒介效应 [J]. 科学学与科学技术管理，2010，31（9）：163-167.
[13] 刘文兴，张鹏程，廖建桥. 基于创造自我概念与风险偏好影响的授权领导与创新行为研究 [J]. 管理学报，2013，10（12）：1770-1777.
[14] 钱昊. 适度宽容失败推动原始创新——浙江省基础研究项目管理的有关思考 [J]. 研究与发展管理，2010，22（5）：129-133.
[15] 石书德，张帏，高建. 新企业创业团队的治理机制与团队绩效的关系 [J]. 管理科学学报，2016，19（5）：14-27.
[16] 王世强. 基于创新创业人才培养的高校创业文化体系构建 [J]. 企业研究，2019（2）：48-49.
[17] 王重鸣，胡洪浩. 创新团队中宽容氛围与失败学习的实证研究 [J]. 科技进步与对策，2015，32（1）：18-23.
[18] 吴建祖，李英博. 感知的创业环境对中层管理者内部创业行为的影响研究 [J]. 管理学报，2015，12（1）：111-117.
[19] 王勇. 创业环境、风险态度与新生代农民工的创业倾向 [J]. 经济体制改革，2017（1）：67-75.

[20] 谢雅萍，陈睿君．团队创新失败复原与连续创新关系研究［J］．科技进步与对策，2018，35（17）：29-34.

[21] 温忠麟．张雷，侯杰泰，等．中介效应检验程序及其应用［J］．心理学报，2004，36（5）：614-620.

[22] 徐雪娇，赵亚奇，张秀娥．创业失败学习对后续创业成功的影响机制——创业韧性的中介作用与悲痛恢复取向的调节作用［J］．科技进步与对策，2021，25（2）：1-7.

[23] 邢蕊，王国红．创业导向、创新意愿与在孵企业创新绩效——孵化环境的调节作用［J］．研究与发展管理，2015，27（1）：100-112.

[24] 于晓宇，杨俊，厉杰，等．失败管理：破解不确定环境下创新创业成功的密码［J］．研究与发展管理，2019，31（4）：1-3.

[25] 于晓宇，陶向明，李雅洁．见微知著？失败学习、机会识别与新产品开发绩效［J］．管理工程学报，2019，33（1）：51-59.

[26] 杨齐．伦理型领导、组织认同与知识共享：心理安全的调节中介作用［J］．华东经济管理，2014，28（1）：123-127.

[27] 喻自觉，凌文辁．偏好反转现象及其理论解释［J］．统计与决策，2007，(20)：59-61.

[28] 朱思因，杜海东，朱锦鸿．创业失败后归因倾向对再创业意愿的影响——失败学习的调节作用［J］．上海商学院学报，2020，21（3）：77-89.

[29] 朱秀梅，王天东．创业者幽默如何激发团队创业激情？——团队心理安全和团队情感承诺的多重中介作用［J］．经济管理，2019，41（6）：75-90.

[30] Alipour F，Idris K，Ismail I A，et al. Intrapreneurship in learning organizations：moderating role of organizational factors［J］. Journal of American Science，2011，7（11）：141-150.

[31] Antoncic B A，Hisrich R D. Intrapreneurship：construct refinement and cross-culture validation［J］. Journal of Business Venturing，2001，16（5）：495-527.

[32] Dost M, Arshad M, Afsar B. The influence of entrepreneurial orientation on types of process innovation capabilities and moderating role of social [J]. Entrepreneurship Research Journal, 2018, 8 (4): 1-12.

[33] Edmondson A C. Psychological safety and learning behavior in work teams [J]. Administrative Science Quarterly, 1999, 44 (2): 350-383.

[34] Edmondson A C. Strategies for learning from failure [J]. Harvard Business Review, 2011, 89 (4): 48-55.

[35] Frota Vasconcellos Dias T R, Martens C D P. Business failure and the dimension of entrepreneurial learning: study with entrepreneurs of micro and small-sized enterprises [J]. Brazilian Journal of Management, 2019, 12 (1): 107-124.

[36] Gawke J C, Gorgievski M J, Bakker A B. Employee intrapreneurship and work engagement: a latent change score approach [J]. Journal of Vocational Behavior, 2017 (100): 88-100.

[37] Hutchison-Krupat J, Chao R O. Tolerance for failure and incentives for collaborative innovation [J]. Production and Operations Management, 2014, 23 (8): 1265-1285.

[38] Hornsby J S, Naffziger D W, Kuratko D F, et al. An interactive model of the corporate entrepreneurship process [J]. Entrepreneurship Theory and Practice, 1993, 17 (2): 29-37.

[39] Harvey J F, Johnson K J, Roloff K S, et al. From orientation to behavior: the interplay between learning orientation, open-mindedness, and psychological safety in team learning [J]. Human Relations, 2019, 72 (11): 1726-1751.

[40] Kark R, Carmeli A. Alive and creating: the mediating role of vitality and aliveness in the relationship between psychological safety and creative work involvement [J]. Journal of Organizational Behavior, 2009 (30): 785-804.

[41] Kuratko D F, Montagno R V, Hornsby J S. Developing an intrapreneurial

assessment instrument for an effective corporate entrepreneurial environment [J]. Strategic Management Journal, 1990, 11 (S1): 49-58.

[42] Liu X, Lin C, Zhao G, et al. Research on the effects of entrepreneurial education and entrepreneurial self-efficacy on college students' entrepreneurial intention [J]. Frontiers in Psychology, 2019 (10): 869.

[43] Liang J, Farh C I C, Farh J L. Psychological antecedents of promotive and prohibitive voice: a two-wave examination [J]. Academy of Management Journal, 2012, 55 (1): 71-92.

[44] Pearced J A, Kramer T R, Robbsins D K. Effects of managers' entrepreneurial behavior on subordinates [J]. Journal of Business Venturing, 1997, 12 (2): 147-160.

[45] Shepherd D A, Patzelt H, Wolfe M. Moving forward from project failure: negative emotions, affective commitment and learning from experience [J]. Academy of Management Journal, 2012, 54 (6): 1229-1259.

[46] Stopford J M, Baden-Fuller C W F. Creating corporate entrepreneurship [J]. Strategic Management Journal, 1994, 15 (7): 521-536.

[47] Sambrook S, Roberts C. Corporate entrepreneurship and organizational learning: a review of the literature and the development of a conceptual framework [J]. Strategic Change, 2005, 14 (3): 141-155.

[48] Zhu J, Yao J, Zhang L. Linking empowering leadership to innovative behavior in professional learning communities: the role of psychological empowerment and team psychological safety [J]. Asia Pacific Education Review, 2019, 20 (4): 657-671.

PART 8

第八章

建议与对策

内创业是企业在组织内部开展的创新活动，是企业寻求战略转型、激发员工创新活力、培养并锻炼员工的重要举措。企业内创业能够打破初创企业资源匮乏、商业模式不成熟、生存及成长环境差等创业魔咒，又能帮助企业突破传统组织结构和制度的限制，充分激发员工的创新活力，提升企业的创新绩效，实现员工与组织的共同发展。组织可以从组织文化、组织制度、领导方式以及人才培养等方面入手，积极推进企业内创业活动，帮助企业提升创新能力，在新技术背景下获得市场竞争优势。

8.1 加强组织宽容失败文化制度建设

组织的探索与创新活动充满未知的风险，好的结果都是在大量尝试的基础上得到的，无数实例证实了失败乃成功之母。组织需要为创新提供宽容失败的环境氛围和制度保障，从而激发员工不惧风险、不怕失败的勇气，使员工敢为人先、克服困难、勇于创新、敢于创业。

第一，组织要理性看待失败，认识到创新、创业过程中的确存在失败风险。组织要倡导包容失败的文化，鼓励员工积极探索与创新，允许员工犯错，鼓励员工试错，不对员工的失败妄加指责，打消员工创业的顾虑，鼓励员工承担风险，激发员工参与内创业活动的热情。

第二，组织要为宽容失败提供制度保障。因为创业风险比较高，所以组织要建立为失败买单的机制。主要有以下几种做法：①由公司对内创业项目进行全部资金投入，如果项目失败，公司承担全部风险；②由公司与员工共同投资入股内创业项目，公司作为主要投资方，持有大部分股份，员工跟投，持有小部分股份，员工承担小部分风险；③主要由公司对内创业项目进行投资，员工的风险体现在绩效薪酬和股权收益的浮动上。此外，对于内创业失败的员工，组织还可以提供二次创业的机会，如果员工确实不适合创业或能力不足，还可以通过再培训或转岗实现再就业，彻底打消参与内创业的顾虑。

第三，组织要建立失败学习机制。企业不应害怕失败，也不应回避失败，但是，企业需要对创业失败的原因进行分析，快速复盘，找到问题所在，通过持续学习和知识分享，不断迭代优化项目或产品，为下一次创业积蓄力量。

第四，组织对失败要宽容有度。由于创业本身具有很高的不确定性，失败是正常的。但是，组织要慎重对待失败，不能宽容无度，对于员工人品（例如徇私舞弊、贪污等）造成的问题，坚决不予姑息。企业鼓励员工犯新错，但不宽容员工重复犯错。

第五，组织要建立风险管理监督机制。虽然组织宽容失败有利于消除员工对失败的畏惧，减轻员工的心理焦虑，但是，过于宽松舒适的环境容易让人懈怠。所以，企业需要对内创业项目加强管理，建立动态管理制度，定期对内创业项目进行考核与评估，一旦发现问题，及时提醒整改，如果失败已成定局，就要及时叫停、快速止损，避免无效投入，尽可能地控制风险。

8.2 营造积极向上的团队氛围

在组织内创业活动中，内创业团队的建设是项目成败的关键。团队的目标导向能够为内创业团队的发展指引方向，充分调动员工的积极性，让团队成员共同努力，促进内创业绩效的提升；团队成员的彼此信任能够让员工在工作过程中敢于发表自己的看法，成员之间充分沟通，没有后顾之忧，能够全身心投入创业项目；团队中宽松的氛围能够给员工带来归属感和认同感，推动内创业活动的开展。具体来说，营造积极向上的团队氛围可以从以下几方面入手。

第一，树立共同的团队愿景。在组织战略规划下，创业团队成员通过充分交流，制定共同的团队发展规划，将员工的个人诉求、团队发展和组织目标紧密结合在一起。团队成员在愿景目标的指引下，充分发挥个人潜力，为团队目标而努力奋斗。

第二，增强团队成员之间的信任。经历过双向选择的内创业团队，成员彼此比较了解和信任，在工作中能够开放地沟通与合作，没有后顾之忧，有效地提升了内创业的效率。内创业团队还可以通过组织团队拓展活动、建立定期交流制度以及情感关怀等手段来加强成员之间的情感联系，有效提升成员之间的信任度。

第三，营造自由宽松的工作氛围。在内创业活动中，团队要为员工提供宽松的工作环境，营造安全的氛围，让员工愿意发表自己的观点，不用过分担心人际矛盾和纠纷；管理者应理性看待团队争议，防止出现“一言堂”现象；管理者应充分激发团队成员的活力和创造力，促进团队形成乐于分享、善于学习的知识共享机制，促进团队成员不断学习与创新，提升专业能力，提高团队的整体素质。

第四，提高员工对内创业的认同感。企业在推动内创业的过程中，一开始并不一定能够得到员工的广泛认同。企业应当坚守初心，并通过榜样的力量去带动员工创新、推动变革，主动为员工赋能，充分调动员工的工作热情，对内创业团队的成就及时给予肯定，对内创业活动中表现突出的成员给予认可，提高员工对内创业活动的认同感。

8.3　发展合作共享的企业文化

一个公司想要发展壮大，企业文化的作用不言而喻。企业文化看似虚无空洞，却是企业凝聚力的内核，是企业发展的核心动力，也是企业管理的重要内容。企业只有拥有自己的文化，才能拥有无形的生命活力，才能长久发展。企业文化不仅具有精神属性，还具有管理属性，能够与规章制度相辅相成，提高企业的管理效率。发展合作共享的企业文化，有利于组织推行事业合伙人制度、推动企业内创业活动的顺利开展。

合作共享文化重在突出以人为本，通过树立以人为本的思想，为员工的自我价值实现搭建平台，激发员工的积极性和创造性，实现个人成长与企业发展的有机统一。合作共享文化能够使员工产生强烈的归属感、认同感，将自身价值与企业的前途发展紧密联系在一起，员工潜能得到充分挖掘，企业文化力转化为生产力。

具体来说，要营造合作共享的企业文化，首先，企业管理者要高度重视合作共享价值观的作用，加强价值观的宣传与引导，让合作共享思想深入人心，培养员工合作共享的思维方式，努力追求员工与组织的共同进步与和谐发展。合作共享的企业文化是企业实行事业合伙人制度的思想和文化基础，是事业合伙人制度能够被有效推进的前提条件。其次，企业管理者要制定正式和非正式制度，构建良好的合作共享环境，鼓励员工通过面对面沟通、网络沟通等方式，将经验、技能或信息分享给其他个体或组织，促进员工各方面能力的提升。在企业中，知识和资源被看作力量，知识和资源的分享可能会与个人利益产生冲突，因此，合作共享制度要求企业的人力资源管理聚焦于企业文化的建设和员工思想意识的转变，以促进团队合作和知识分享。构建良好的合作共享环境的方式主要有建立企业内部或企业之间的网络交流平台、举办线下交流会、奖励积极参与合作共享活动的员工等。合作共享环境能够有效激发员工的创造力，积极推动组织内创业活动的开展。

8.4　推行事业合伙人制度

组织要推动内创业活动、吸引优秀人才加盟，就必须让内创业者享受创业带来的高收益回报，要让内创业者的利益与项目的利益、组织的利益紧密结合，所以，很多企业采取了股票期权、虚拟股权、事业合伙人等激励制度。事业合伙人制度是让管理层乃至员工共同出资兴建一个项目或企业，合伙人充当公司主人和股东的角色，合伙人自负盈亏，与项目或公司共担风险。利益共享的命运共同体，使企业管理从“资合”迈向“人合”，形成一种开放合作的共享共担机制（张文峰 等，2019）。因此，事业合伙不仅是金钱合伙和物资合伙，还是一群有着共同的目标、共同的价值观念、共同的经营理念的人一起长期从事一个事业，把合伙人个人的发展规划及价值观融入企业的发展规划及价值观中，个人与企业共成长、共进退。因此，事业合伙人制不仅是一种激励手段，也是促进企业持续发展的一种战略动力机制，是促进企业成长与人才发展的长效机制，是涉及企业战略创新、公司治理结构优化、组织与人的关系重构的系统工程（林新奇 等，2018）。

第一，企业在内创业中引入事业合伙人制，要回归企业的顶层设计，回归企业的使命追求与核心价值观，回归企业的事业理论，它需要企业家与合伙人对上述命题进行系统思考并达成共识，对推行事业合伙人制的目的与目标真正想明白、想清楚、想透彻。没有对事业追求的共识，事业合伙人制就只是一种力度更大的利益分享机制，并不是为使命与事业而奋斗的机制。

第二，企业在内创业中引入事业合伙人制，就要对企业的战略、公司治理结构、组织与人的关系进行系统性地变革与创新，真正凝聚一批有追求、有意愿、有能力的创业者，抱团创业，持续奋斗（彭剑锋 等，2018）。否则，事业合伙人制就会扭曲、变形、走样，达不到预期效果。

第三，企业在内创业中引入事业合伙人制，要建立合理的进入和退出机制。因道同而选择合伙，因道不同而选择散伙。目标追求一致，价值观统一，是事业合伙人制的灵魂。当事业合伙人目标与追求各异，趁早散伙也许是一种更明智的选择（储丽 等，2018）。在企业开展内创业的过程中，那些具有主动意识、创新精神和创业心态的员工会脱颖而出，成为事业合伙人；而那些追求稳定的工作和收入、不能追随公司愿景和使命、持有打工心态的员工会逐步被淘汰。

第四，企业在内创业中引入事业合伙人制，要倡导持续奋斗、变革求新的合伙人精神。事业合伙人制作为一种企业战略动力机制和长效的人才发展机制，其生命力来自合伙人持续奋斗的精神，如果合伙人群体事业激情衰竭、不愿持续奋斗、不敢求新求变，或能力跟不上企业发展要求、不再为企业创造价值，事业合伙人制的生命力也将随之枯竭。因此，企业引入事业合伙人制后，要以奋斗者为本，要贯彻能力贡献导向，弘扬持续奋斗的精神，提倡不断创新求变。

第五，企业在内创业中引入事业合伙人制度，要结合企业的具体情况。事业合伙人制不是万能的，它比较适合高科技、创新型、轻资产企业。这类企业的员工具有较高的能力和素质，有意愿、有能力参与内创业项目，能发挥个人才干、共享企业的成长和发展成果。企业在创业期需要通过内创业活动激发员工创新活力，这时候就比较适合采用事业合伙人制，将员工利益与内创业效益捆绑在一起。在企业的战略转型期，企业规模庞大、机构臃肿、行动迟缓，这时候开展内创业活动，能够充分利用组织冗余资源，激发员工的工作激情，让组织焕发新的活力，此时实施事业合伙人制度，能够建立企业成长和人才发展的长效机制，建立员工与企业合作共享的新生态。

第六，企业应根据实际情况采用不同类型的事业合伙人制度。在互联网与共享经济时代，事业合伙人制要创新、与时俱进。企业应该根据自身的需求和目标去选择适合的事业合伙人制度。事业合伙人制度并不存在唯一的模式，企业应根据自身的发展阶段、资金与人员规模、管控能力等条件来选择。

第七，企业应将事业合伙人制度与内创业制度紧密衔接。事业合伙人制的实质是在企业中聚集起企业家群体，这群人抱有共同的理念、价值观，有共同的目标和追求，高度认同组织文化，并身体力行地去实践。事业合伙人制度和内创业制度的共同点在于，两者都是一群志同道合的人，为同一个事业或目标而共同奋斗。员工创业的主要目的是自我实现，而事业合伙人制度可以帮助员工实现这个目的。因此，将事业合伙人制度融入内创业管理模式，不仅能够满足员工的创业欲望、激发企业内部活力、改善企业内部分配机制，还能帮助企业留住人才，实现员工与企业的双赢。

8.5 采取内创业支持举措

在复杂的内外部环境条件下，企业的生存与发展面临着越来越多的不确定性，企业寿命周期也在不断缩短。通过内创业的方式，企业能够增强动态核心能力，推动组织持续成长。国内外一些企业已经开始了内创业的尝试和探索，并采取了相应的内创业支持举措。企业推行的内创业支持举措主要包括以下几方面。

第一，企业为内创业活动的开展提供充分的资源。企业需要为内创业提供必要的资金保障，可以设立“内创业基金”，并把“内创业基金”作为企业内创业项目的专项资金，设立特殊的项目预算机制。人力资源是内创业项目运营的核心资源，一方面来自企业内部的人才选拔，另一方面来自企业外部优秀人才的加盟。企业通常会采用股票期权或事业合伙人等激励机制，吸引优秀人才加入内创业项目。为了扶持内创业活动，企业需要在信息、技术、人脉等资源方面给予内创业团队支持。企业管理层应给予内创业团队充分的行动和决策自主权，并指定高层领导与其保持联系，随时调配企业内部资源，帮助其排除创业过程中的内部阻力。但是，企业创建内创业平台，为内创业团队提供人力、物力、财力，不仅仅是为了激发企业的内部活力，更重要的是为了帮助企业盈利。企业可以将内创业制度与事业合伙人制度有机结合，通过投资入股的方式支持内创业团队的成长，并分享内创业项目带来的收益。

第二，企业对内创业项目采取更加灵活自主的管理方式。比如，内创业项目团队可以采用弹性工作制，对考勤的管理可以比较宽松；在项目攻关时期，员工可能会加班加点，这时可以进行封闭式开发，攻关结束后再放假调休。项目的运营、管理、决策由内创业项目团队负责，一般情况下企业不进行干预。企业给项目团队充分的自主权，包括资金使用权、用人权等。

第三，内创业项目运营需要来自企业各部门的支持，如财务、人力、研发和市场等部门。企业要协调内创业团队与各部门的关系，让各部门为内创业团队提供各种配套的服务，例如，财务部门的资金服务、税收服务，人力资源部门的招聘、考核服务，市场部门的产品或客户反馈服务。各部门提供的支持性服务，能够提升内创业团队的运营效率，提高内创业项目的成功率。

8.6 建立内创业项目公开评选机制

企业内创业项目的产生主要有两种方式：一种是由公司负责人或管理层设立创业项目，然后由上至下委派企业内部人选或外部人才来负责的委派制；另一种是由员工自下而上申请创业项目，然后通过董事会或管理层等相关决策机构进行公开投票选拔或者通过路演方式邀请员工一同参与公开投票的赛马制。这两种方式在推行内创业的企业中被广泛采用，各有优缺点。

在委派制模式下，具有前瞻意识、敏锐的市场洞察力和快速反应能力的公司高层在公司发展战略框架下提出项目创意，然后从下属中挑选出经验丰富、能力卓越、综合素质高的人员来负责项目运营。由于项目本身和公司战略与业务发展相匹配，并得到公司高层认可和扶持，项目负责人可以充分调动组织内外部一切资源，所以项目决策速度快、运营效率高，成功概率比较大。

在赛马制模式下，公司定期组织和召开项目评选会，鼓励全员参与创业项目申请，由公司组成的专门机构如内创业项目评审委员会来进行项目审定，并根据评审结果拨付创业资金；还可以让员工一同参与项目评审的投票，并允许员工在项目评审通过后认购项目的股份。与委派制相比，赛马制模式下的项目选拔面向所有员工，可以让更多的员工参与到内创业活动中来，在组织中形成鼓励创新和创业的文化氛围，充分调动员工参与创新与创业的积极性。同时，项目选拔机制公开、透明，人人机会平等，即使是基层员工，只要有好的创意，也能在项目评选中脱颖而出。这种机制让优秀人才在组织中有快速成长和发展的空间，能为组织留住优秀人才。而且，项目选拔的制度化和程序化，能够提高项目推选效率，让员工对组织内创业活动的开展有长期、稳定的预期。然而，在赛马制模式下，员工虽积极申报项目，但由于员工能力、经验的局限性，申报的项目可能良莠不齐，优质项目不多，还有些好的项目可能与公司战略发展方向不符，所以项目决策效率会低一些，项目成功概率也会小一些。

因此，企业应该结合自身的实际情况来选择内创业项目推选制度。委派制更适合规模比较小、管理尚不规范、创始人主导和控制公司运营、形成以创始人思想为内核的组织文化、资源相对不充足的企业。赛马制更适合规模比较大、管理较为规范、公司氛围自由且充满活力、各类资源丰富、有一大批优秀人才的企业。

一般来说，规模不大、资源不充足的企业，为了提高效率和项目成功率，最好选择委派制。等到公司规模扩大、资源比较充足、公司制度化管理已经深入人心之后，可以采用赛马制。

内创业项目的公开推选可以遵循以下流程：①在组织中由公司负责人牵头，充分酝酿、广泛宣传；②颁布内创业项目申报要求和规定，召开内创业项目申报动员会；③公布项目评选程序和标准，接受内创业项目申请；④进行项目公开路演，并组织相关人员进行评审；⑤公布项目评审结果，由公司、项目团队和员工进行投资；⑥对项目业绩进行定期跟踪与审核。

8.7 倡导包容型领导风格

领导者是组织文化、目标和管理制度的诠释者与践行者，是员工在组织中的领路人。因此，在组织营造宽容失败氛围、推动内创业活动的过程中，组织领导和团队领导起着至关重要的作用。领导者的个性特征、工作方式、领导风格等会对员工产生重要的影响。

目前，大批新生代员工进入劳动力市场，工作场所中员工的个性化与多样化特征日益显现。传统的权威和控制型领导方式已经无法得到员工的认同。新生代员工需要领导海纳百川、兼容并包。包容型领导是一种具有开放、宽容、亲和等多种特征的领导方式，尊重、认可、回应和责任是包容型领导风格的核心要素。组织倡导包容型领导风格，可以从以下几方面入手。

第一，面对员工的日益个性化和多样化，组织在招聘和选拔领导者时，除了对其业务能力、管理能力等进行评价外，还需要对其个性特质予以重点评价，考察备选人是否开放、包容，是否能够容忍员工之间的差异，是否善于沟通，是否能为他人提供服务和支持等。

第二，企业可以聘请咨询公司，根据公司实际情况开发领导力课程，加强对管理者的培训，使他们学会在组织中营造宽容氛围，学会鼓励、关怀员工，学会包容差异、鼓励创新。

第三，管理者要深刻理解包容型领导风格的内涵，意识到包容型领导风格对员工与企业的重要意义。管理者要尊重具有不同价值观念、工作经历、行为方式的员工，采取开放式沟通模式，鼓励员工畅所欲言，包容员工的差错，并认可其价值；鼓励员工勇于探索、提出不同意见；激发员工在工作中的热情，使员工主动地为组织奉献自己的力量，与企业共同进步、共同发展，推动组织内创业活动的开展。

第四，在内创业过程中，领导应重视员工的个性化需求以及个人的成长和发展，鼓励员工参与管理，与员工建立双向互动的良好关系，密切关注员工所需，主动倾听员工意见，对员工取得的成就和贡献在语言和行动上及时给予鼓励和认可，随时给予员工帮助，包容、公平地对待员工。

8.8 建立创业型人才储备机制

内创业项目成败的关键在于创业团队。内创业活动不仅能帮助企业开发新产品、拓展新市场、创造效益，还能帮助企业激发员工的活力和热情，帮助企业培养人才、留住人才。为了配合与推动内创业活动，企业要建立创业型人才储备机制。

首先，企业在开展内创业活动时，要充分酝酿、广泛宣传、层层落实，吸引更多员工投身内创业活动。对于提交内创业项目的员工，无论项目是否能够通过评审，企业都将他们作为创业种子人选列入公司的人才储备库。

其次，企业要启动内创业培训计划，内容包括个人创造力的开发和创意的形成、市场机会的筛选、经营计划和行动计划的制订及创业管理等，旨在提高员工的创新和创业能力，引导员工成为合格的内部创业者。

最后，企业要建立内创业人才动态管理机制。在内创业活动中，企业要对员工进行考核。对员工的考核内容，不仅涉及创业项目的成败，还涉及员工在自驱意识、创新精神、敢于担当等方面的表现。通过考核的员工成为内创业项目的储备人才，有资格竞投下一轮的内创业项目。企业对创业人才储备库采取开放式管理，随时会有新的优秀员工被补充进来，也有不合适的员工被迫退出。

综上所述，企业应该倡导合作共享的企业文化，建立宽容失败的组织制度，形成积极向上的团队氛围；实施事业合伙人制度，采取内创业支持举措，建立内创业项目推选机制；培育包容型领导者，建立人才储备机制，激发员工创业热情，积极推动内创业活动的开展，实现员工与组织的价值共创。

参考文献

[1] 储丽．事业合伙人风险认知与敬业度关系研究［D］．南京：南京理工大学，2018.

[2] 林新奇，权贵杰．合伙人制度研究综述［J］．现代管理科学，2018（11）：63-65.

[3] 彭剑锋．中国事业合伙制的五大模式［J］．科技与金融，2018（4）：39-44.

[4] 张文峰．事业合伙人：用“资合”寻求“智合”［J］．企业家信息，2018（10）：89-90.

PART 9

第九章

结论与展望

9.1 结论

本书首先基于人与情境互动的视角，采用质性研究和实证研究相结合的方法，从分析组织宽容失败的内涵入手，构建组织宽容失败的结构模型；其次，本书研究了组织宽容失败、心理安全以及员工内创业意愿的关系模型，检验了组织宽容失败影响员工内创业意愿的过程机制以及创业赋能策略、包容型领导、员工主人翁意识和风险偏好在其中的调节作用；最后，本书提出推动组织内创业的建议和对策。本书的主要结论如下。

首先，组织宽容失败是组织允许员工犯错、宽容员工失败、为员工的失败负责、鼓励员工积极面对失败并从失败中反思和学习的组织文化氛围。组织宽容失败由营造宽容氛围、承担失败责任和失败反思学习三个维度构成。其中，营造宽容氛围是指组织为员工营造一种宽松的工作氛围，允许员工发表不同的意见，给予员工一定的自由度和弹性时间，鼓励员工勇于承担风险、开展内创业活动。承担失败责任是指组织能够包容员工在工作探索和创新上的失败，不惩罚遭遇失败的员工，并且愿意为员工的失败买单。失败反思学习是指组织引导员工正确看待失败，鼓励员工对自己的失败进行反思、总结失败经验，寻求更好的解决方法。营造宽容氛围是组织宽容失败的重要条件，承担失败责任和失败反思学习是组织宽容失败的必要保障。

其次，组织宽容失败对员工心理安全有显著的正向影响，员工的心理安全感随组织宽容失败水平上升而增强，具体表现为组织越是营造宽容氛围、承担失败责任和进行失败反思学习，越能给员工带来心理安全感。在内创业情境中，包容型领导调节了组织宽容失败与心理安全的正向关系，表现为在高水平的包容型领导下，组织宽容失败与心理安全的正向关系得到强化，在低水平的包容型领导下，组织宽容失败与员工心理安全的正向关系被弱化。

再次，心理安全对员工内创业意愿有显著的正向影响，员工的内创业意愿会随着心理安全水平的上升而增强。而且，在组织内创业情境中，组织认同对心理安全与员工内创业意愿的关系起中介作用，即心理安全会通过组织认同对员工内创业意愿产生影响。主人翁意识在心理安全通过组织认同影响员工内创业意愿的过程中起调节作用，表现为在高水平的主人翁意识影响下，心理安全与员工内创业意愿的正向关系得到强化，在低水平的主人翁意识影响下，心理安全与员工内创业意愿的正向关系被弱化。

最后，组织宽容失败对员工内创业意愿有显著的正向影响，组织中宽容失败氛围越浓厚，员工的内创业意愿越强。在组织内创业情境中，心理安全对组织宽容失败与员工内创业意愿的关系起中介作用，即组织宽容失败会通过心理安全对员工内创业意愿产生影响。而且，创业赋能策略在组织宽容失败通过心理安全影响员工内创业意愿的过程中起调节作用，表现为在高水平的创业赋能策略的影响下，组织宽容失败与员工内创业意愿的正向关系被强化，在低水平的创业赋能策略的影响下，组织宽容失败与员工内创业意愿的正向关系被弱化。此外，员工风险偏好在组织宽容失败通过心理安全影响员工内创业意愿的过程中起调节作用，具有高风险偏好特征的员工，在组织宽容失败氛围中会表现出较强的内创业意愿，而具有低风险偏好特征的员工，在组织宽容失败氛围中则会表现出较弱的内创业意愿。

9.2 创新点

9.2.1 学术观点的创新

尽管社会舆论大力呼吁在创新、创业中应宽容失败，但相关研究却非常匮乏。不多的论述散落在文献当中，且局限于强调宽容失败的重要性，缺乏对宽容失败概念、范畴的界定和基本理论建构。近几年，国内外学者开始关注工作场所中的宽容氛围问题，为宽容失败的研究提供了参考，但是，宽容氛围强调员工对团队内人际关系的主观知觉，而组织宽容失败则聚焦于组织内部的制度、文化。由此可见，从组织角度论及宽容失败及其对员工内创业影响的研究还非常少见。本书阐释了组织宽容失败的内涵，开发了组织宽容失败测量量表，检验了组织宽容失败对内创业的影响，拓展了组织宽容失败的相关研究，深化了内创业的相关研究。

此外，心理安全的相关研究一方面聚焦于团队领导行为对员工心理安全的影响，缺乏关于组织文化、组织实践等组织创业环境对员工心理安全影响的研究；另一方面，大多数心理安全研究仅关注团队心理安全对学习行为和创新行为的影响，缺乏对心理安全与员工内创业关系机制的系统研究。本书通过质性研究和实证研究发现，心理安全在组织宽容失败与员工内创业意愿之间起中介作用。本书探索了组织文化与领导风格对员工心理安全的影响，证实了心理安全在激发员工内创业激情上的关键作用，丰富了心理安全的前因变量和后果变量的相关研究。

9.2.2 研究视角的创新

从现有的文献来看，首先，学界对内创业意愿的研究非常少。其次，在创业意愿的影响因素研究方面，大多数研究更加关注创业者的个人因素，如性别、年龄以及个性等，对于环境因素关注不多。而且，大多数文献通常将影响创业意愿的个体因素和环境因素孤立开来展开讨论，较少关注两者的互动。内创业不同于外部创业，组织内部环境对于员工内创业意愿非常重要，但是，现有文献缺少对内创业意愿的探讨，也缺少对于内创业意愿的影响因素以及机制的探索和研究。本书从人与情境互动的视角，分析了组织宽容失败氛围通过员工心理安全对内创业意愿产生作用的过程机制，而且，突出了创业赋能策略、包容型领导等组织情境因素以及员工主人翁意识和风险偏好等个体特质因素在组织宽容失败与内创业意愿之间的调节作用，突破了从内创业环境或内创业者的单一路径来研究内创业的局限性，拓展了组织宽容失败与内创业关系的边界条件。

9.2.3 研究方法的创新

以往的内创业相关文献中，多数研究采用了文献综述、理论分析、案例研究与实证分析的方法，其中，案例研究以单案例分析为主。案例研究是通过对典型案例的深入分析，建构变量的因果关系，回答实践变化过程和作用机理的相关问题，能够有效地展示研究过程的整体性、情境性和动态性。从研究对象来看，组织宽容失败对组织内创业活动的影响过程具有情境化特征。为了洞悉组织宽容失败氛围对组织内创业的影响，本书选择了多案例研究方法，既考虑了多案例分析的复制逻辑，也考虑了案例间的差异性，包括企业所属行业、企业性质、企业文化等方面的差异。对多个案例的比较、归纳和解释，弥补了单案例研究的缺陷，从多个角度、多个维度来提炼理论，提高了案例研究的外部效度，使研究结论更具普适性且更精练。

9.3 应用价值

首先，本书帮助企业正确认识了宽容失败，指导企业通过营造宽容失败氛围和采取支持性措施形成有效的容错机制，打消员工的创业顾虑，激发员工开展内创业的热情；同时，指导企业建立激励约束机制，帮助内创业团队增强成本意识、风险意识，建立止损机制，防止宽容泛滥给组织带来风险。

其次，本书帮助企业从组织文化、内创业措施、领导风格等方面系统地构建了组织宽容失败机制，消除员工对创业失败的恐惧，增强员工的心理安全感，树立员工的主人翁意识，满足员工的自主需求、胜任需求和关系需求，激发员工主动探索和不断创新的热情，从根本的内生动力方面解决当前企业创新与创业动力不足的问题，积极推动企业内创业活动的开展。

最后，本书从人与组织情境适配的角度，探讨内创业者与组织内创业环境的互动机制，从而为组织制定合理、有效的内创业计划，识别、甄选、激励和培养潜在的内创业者提供建设性意见。

9.4　不足与展望

尽管本书在组织宽容失败测量以及组织宽容失败与内创业关系的研究方面取得了一定的研究进展，但仍存在不足和局限性，主要表现在以下几方面。

第一，研究数据来源比较单一。本次调查问卷的发放对象主要是员工，虽然在数据采集过程中我们采用了分阶段回收数据的方法，但是存在数据的同源偏差问题。在未来的研究中，我们可以采用管理者和员工配对填写问卷的方式，关于组织宽容失败和创业赋能策略的调查问卷可以由组织的管理人员来填写，关于心理安全、内创业意愿等的调查问卷由员工来填写。

第二，在多案例研究中，案例企业选择不足。本书选择了北京的8家企业作为研究对象，研究对象具有一定的地域局限性；8家企业基本都属于“小而美”的知识密集型企业。因此，研究结果在普遍适用性上有所欠缺。

第三，由于访谈资料中的信息比较丰富，我们在访谈资料编码过程中，提炼的概念和范畴比较多，所以，我们对提及频度比较低的、不太重要的概念和范畴进行了清除，并没有在理论模型构建中呈现它们，有些年龄、经历等方面的影响因素并没有被涵盖进去，这有可能影响理论模型的全面性。

第四，本书探索了组织情境中组织宽容失败和员工内创业意愿的关系。一方面，我们可以进一步开展对组织宽容失败的影响因素的研究，另一方面，本书对因变量的选择具有一定的局限性，未来，我们还可以将研究客体拓展至员工创新行为、员工建言等个体变量，也可以研究组织宽容失败对团队、组织创新绩效与内创业绩效的影响。

附录 1

访谈提纲（高层管理者）

1. 能否请您介绍一下公司的基本情况或创业的过程和经历？

2. 请您介绍一下公司目前的创业团队以及组织架构。

3. 俗话说“失败是成功之母”，您如何看待创新、创业过程中的“失败”？您如何看待员工在创新过程中或开创性工作中的“失败”？您会鼓励员工犯错吗？公司会如何对待在创新过程中失败的员工？能举几个例子吗？

4. 创新或内部孵化都存在风险，公司在鼓励创新时，有哪些具体的保护措施？您如何看待创新与失败的悖论？您对创新失败的容忍度如何？是否有具体的例子来说明您对创新与失败的取舍？

5. 您认为在公司中是否应提倡“狼性”的竞争文化？您认为危机感和安全感哪个更有利于创新成果的涌现？您如何处理危机感和安全感的关系？请举 2~3 个例子进行说明。

6. 创新是公司生存之本，很多大企业都鼓励员工内创业，您的公司在推动员工创新和内创业方面有哪些具体的激励措施？您认为最具吸引力的激励员工创新或参与内创业的手段有哪些？能否举几个例子？您是如何处理公司与内创业团队的关系的？

7. 公司是否采取了事业合伙人制？如果是，能否介绍一下公司事业合伙人制度的激励模式和约束条件？

8. 能否介绍一个典型的内创业团队开展活动的情况？

访谈提纲（内创业人员）

1. 请您介绍一下个人、团队的基本情况。

2. 请您介绍一下开展或发现新业务的过程。

3. 当您提出新想法时，公司是如何给予您支持和配合的？请举 2~3 个典型事例进行说明。

4. 公司领导和同事对于您开展新业务持什么态度？请举 2~3 个典型事例进行说明。

5. 您考虑过创业失败的问题吗？公司是否有一些举措来帮您消除对创业失败的顾虑？

6. 您在组织中有安全感吗？这种安全感主要来源于何处？

7. 公司的事业合伙人制对于您开拓新业务是否有推动作用？是如何推动的？

8. 您认为在组织内创业获得成功的关键因素有哪些？您有哪些经验可以与我们分享？

附录 2

组织内创业调查问卷

尊敬的先生/女士：

您好！衷心地感谢您在百忙之中抽出时间参与本次问卷调查，您的填答对我们的研究结果有重要影响。问卷调查的结果仅用于科学研究，问题的选项并没有好坏与对错之分，请您根据实际情况如实作答，我们将为您严格保密。谨在此对您的协助与支持表示由衷的感谢！

一、基本信息。请在相应的选项上划“√”。

1. 性别________	（A. 男　B. 女）
2. 年龄________	（A. 20 岁以下　B. 20~29 岁　C. 30~39 岁　D. 40~49 岁　E. 50 岁及以上）
3. 受教育程度________	（A. 专科及以下　B. 本科　C. 本科以上）
4. 工作单位________	（A. 国有企业　B. 民营企业　C. 外资企业　D. 其他）
5. 您单位所属行业________	（A. 金融　B. 互联网　C. 高科技　D. 教育　E. 传媒　F. ________）
6. 您的工作岗位________	（A. 管理类　B. 销售类　C. 技术类　D. 研发类　E. 生产类）
7. 您在单位的职位________	（A. 初级　B. 中级　C. 高级）
8. 在目前单位工作的时间________	
（A. 6 个月以内　B. 6 个月~1 年　C. 1~3 年　D. 3~5 年　E. 5~10 年　F. 10 年以上）	
9. 您公司的规模________（A. 100 人以下　B. 100~300 人　C. 301~500 人　D. 501~2000 人　E. 2000 人以上）	

二、下面是有关您所在公司的一些描述，请根据您的真实感受，在相应的选项上划“√”（1 表示完全不符合，2 表示比较不符合，3 表示不确定，4 表示比较符合，5 表示完全符合）。

	完全不符合	比较不符合	不确定	比较符合	完全符合
1. 在组织中，我可以表达对工作的真实感受	1	2	3	4	5
2. 在组织中，我可以自由表达我的想法	1	2	3	4	5
3. 在组织中，表达自己的真实感受是受欢迎的	1	2	3	4	5
4. 即使我有不同的意见，组织中也没有人会攻击我	1	2	3	4	5
5. 我担心在工作场所表达真实的想法会伤害自己	1	2	3	4	5
6. 我非常认可组织中的其他成员	1	2	3	4	5
7. 我愿意长期在组织中工作	1	2	3	4	5
8. 我喜欢成为组织中的一员	1	2	3	4	5
9. 我对组织有情感上的依赖	1	2	3	4	5
10. 组织允许员工提出不同意见和建议	1	2	3	4	5
11. 组织营造了宽松的工作氛围	1	2	3	4	5
12. 组织允许员工的工作有一定的自由度和时间弹性	1	2	3	4	5
13. 组织鼓励员工勇于承担风险	1	2	3	4	5
14. 组织鼓励员工开展创新活动	1	2	3	4	5
15. 组织鼓励员工开展组织内创业活动	1	2	3	4	5
16. 组织不鼓励守旧	1	2	3	4	5
17. 组织能够包容员工的过失或错误	1	2	3	4	5
18. 组织能够包容员工创新失败带来的损失	1	2	3	4	5
19. 组织能够包容员工内创业失败带来的损失	1	2	3	4	5
20. 组织会为员工创新或内创业失败买单	1	2	3	4	5
21. 组织对员工内创业失败设计了止损点	1	2	3	4	5
22. 组织不会惩罚创新或内创业失败的员工	1	2	3	4	5
23. 组织成员不会嘲讽创新或内创业失败的员工	1	2	3	4	5
24. 组织成员不会背后议论创新或内创业失败的员工	1	2	3	4	5
25. 组织鼓励员工从失败中总结经验	1	2	3	4	5

续表

	完全不符合	比较不符合	不确定	比较符合	完全符合
26. 组织鼓励员工询问有没有更好的方式提供产品或服务	1	2	3	4	5
27. 组织会提醒员工停下手中的事情，反思当前的工作流程	1	2	3	4	5
28. 组织鼓励员工询问“我们为什么这么做?”	1	2	3	4	5
29. 在组织中，如果出差错，大家会感到生气和恼怒	1	2	3	4	5
30. 大家对差错的处理原则是：没人发现时，不必承认差错	1	2	3	4	5
31. 完全没有必要同别人谈论差错	1	2	3	4	5
32. 遮掩差错会对自己有好处	1	2	3	4	5
33. 大家喜欢对自己的差错保密	1	2	3	4	5
34. 承认自己有差错的员工是在自找麻烦	1	2	3	4	5
35. 组织对内创业项目给予资金、信息、人脉支持	1	2	3	4	5
36. 组织对内创业项目的选拔有评审流程	1	2	3	4	5
37. 组织对内创业项目的选拔有竞争展示环节	1	2	3	4	5
38. 组织对进行内创业的员工考核比较宽松	1	2	3	4	5
39. 组织对参与内创业的员工给予奖励	1	2	3	4	5
40. 组织对参与内创业的员工给予利益分享	1	2	3	4	5
41. 这是我的组织	1	2	3	4	5
42. 我感觉这个组织是我们大家的公司	1	2	3	4	5
43. 我在这个组织中感觉到较强的个人所有感	1	2	3	4	5
44. 我感觉这是我的公司	1	2	3	4	5
45. 这是我们的公司	1	2	3	4	5
46. 大多数为这个组织工作的人觉得他们拥有这家公司	1	2	3	4	5
47. 我很难把这个组织看成是我所有的	1	2	3	4	5

三、下面是有关您的一些描述，请根据您的真实情况，在相应的选项上划“√”（1表示完全不符合，2表示比较不符合，3表示不确定，4表示比较符合，5表示完全符合）。

	完全不符合	比较不符合	不确定	比较符合	完全符合
1. 公司的价值观和我自己的价值观很相似	1	2	3	4	5
2. 我觉得我的人格特征和公司的形象特征很匹配	1	2	3	4	5
3. 公司能满足我的需求	1	2	3	4	5
4. 公司和我是一个好的搭配	1	2	3	4	5
5. 我的价值观和公司以及其他员工的价值观很一致	1	2	3	4	5
6. 我的价值观和公司其他员工的价值观很一致	1	2	3	4	5
7. 公司的价值观和风格能反映出我自己的价值观和人格	1	2	3	4	5
8. 我开心	1	2	3	4	5
9. 我充满热情	1	2	3	4	5
10. 我积极活跃	1	2	3	4	5
11. 我自豪	1	2	3	4	5
12. 我富有灵感	1	2	3	4	5
13. 在面对重大决策时，我经常采取冒险策略	1	2	3	4	5
14. 与可能会承担的损失相比，我更关心自己可能获得的收益	1	2	3	4	5
15. 我处事谨慎，即使这意味着有时会失去大好的机会	1	2	3	4	5
16. 我非常小心谨慎，常常规避风险	1	2	3	4	5
17. 我共享知识后，期待能获得对方的回馈	1	2	3	4	5
18. 我通过知识共享可以拥有更好的形象和声誉	1	2	3	4	5
19. 我以帮助他人为出发点，有热情并愿意共享知识	1	2	3	4	5
20. 我对我的工作充满热情	1	2	3	4	5
21. 我享受做我的工作胜过其他任何事情	1	2	3	4	5

续表

	完全不符合	比较不符合	不确定	比较符合	完全符合
22. 从事我的职业让我有巨大的满足感	1	2	3	4	5
23. 为了我的职业，我会不惜一切代价	1	2	3	4	5
24. 每当向别人描述我是谁时，我首先想到的是我的职业	1	2	3	4	5
25. 即使面对重重困难，我仍将坚持从事我的职业	1	2	3	4	5
26. 我的职业将一直是我生命的一部分	1	2	3	4	5
27. 我对我的职业有一种使命感	1	2	3	4	5
28. 从某种意义上讲，我内心深处一直热爱着我的职业	1	2	3	4	5
29. 即使没有做这份工作，我也常常会考虑从事它	1	2	3	4	5
30. 投身目前的职业让我的生命更有意义	1	2	3	4	5
31. 从事我的职业能够深深地触动我的内心，给我带来喜悦	1	2	3	4	5
32. 我对组织中的内创业活动感兴趣	1	2	3	4	5
33. 我愿意参加组织中的内创业活动	1	2	3	4	5
34. 如果组织中有内创业机会，我会积极把握	1	2	3	4	5
35. 我会考虑通过积极营销刺激市场对公司产品的新需求	1	2	3	4	5
36. 我会考虑拓宽目前的业务范围	1	2	3	4	5
37. 我会考虑在与当前业务相关的新行业中寻找新业务	1	2	3	4	5
38. 我会考虑为自己的产品寻找新的细分市场	1	2	3	4	5
39. 我会考虑通过提供新的生产线和产品来开展新的业务	1	2	3	4	5
40. 我会考虑采用其他公司或行业开发的新技术	1	2	3	4	5

四、下面是对您的直接主管的一些描述，请根据您的真实感受，在相应的选项上划“√”（1 表示完全不符合，2 表示比较不符合，3 表示不确定，4 表示比较符合，5 表示完全符合）。

	完全不符合	比较不符合	不确定	比较符合	完全符合
1. 我的领导愿意倾听新的观点	1	2	3	4	5
2. 我的领导能留意新的机会，从而提高工作效率	1	2	3	4	5
3. 我的领导愿意讨论目标以及达到目标的新途径	1	2	3	4	5
4. 有问题时，随时可以找我的领导咨询	1	2	3	4	5
5. 我的领导一直都在团队中，随时可以找到他/她	1	2	3	4	5
6. 我想向领导咨询专业问题时，随时可以找到他/她	1	2	3	4	5
7. 我的领导总是愿意倾听我的请求	1	2	3	4	5
8. 我的领导鼓励我在出现新问题时找他/她	1	2	3	4	5
9. 我的领导可以与我一起讨论新出现的问题	1	2	3	4	5
10. 我的领导对我有着很好的愿景	1	2	3	4	5
11. 我的领导真的很关心我	1	2	3	4	5
12. 我的领导看重我的能力	1	2	3	4	5
13. 我的领导对我这个人很感兴趣	1	2	3	4	5
14. 我信任我的领导	1	2	3	4	5
15. 我的领导会为我辩护	1	2	3	4	5
16. 我觉得我的领导会为我的利益而努力	1	2	3	4	5

问卷结束。再次感谢您对本次调查的参与和支持！

致　谢

2015年，我来到北京联合大学管理学院工作，开启了一段新的职业生涯。当时，我一直从事的心理契约研究遭遇了瓶颈，对于未来的研究方向感到迷茫和困惑。恰逢双创浪潮风起云涌，呼吁宽容失败的社会舆论不绝于耳，于是我萌生了研究宽容失败和创业的关系的想法。非常幸运的是，2016年我申报的“组织宽容失败对员工心理安全及其内创业意愿的影响”课题通过了教育部人文社会科学基金的立项。我的研究重心从心理契约转向内创业。

4年多的时间，我和我的课题组走访了二十多家企业，深度访谈了开展内创业活动的8家企业。这些企业的高层管理者富有远见卓识，拥有敏锐的洞察力，不断追求创新与变革，深具管理智慧。每一次的访谈和调查对我而言都是学习和修行，理论研究和实践创新碰撞出的火花点燃了我的工作热情，激发了我的研究兴趣，驱动着我去深入研究优秀的管理实践，去总结和提炼本土化的管理理论，去做负责任的研究，对推动企业内创业、建设创新型国家有所贡献。

经过大量的文献整理、实地访谈、问卷调查和数据分析，本书终于得以出版。这本书不仅倾注了我个人的心血，而且饱含了我们团队成员的倾力付出，还得到了我的老师、学生、朋友、同事以及家人的支持。在本书出版之际，我要向所有帮助过我的人表达感谢之情。

感谢那些为访谈和问卷调查提供过帮助的公司和机构，感谢他们愿意抽出宝贵的工作时间，接受我们的访谈、安排调研，使我们的研究能够紧紧扎根中国企业，得出非常有价值的结论。

感谢北京联合大学管理学院的领导和同事们，他们为我们的研究提供了很多的帮助，在工作中给予了我很多关怀和支持。

感谢团队成员何勤、杜辉、李立威、朱福林、程雅馨，大家分享观点、相互启发、合作研究。正是有这群志同道合的朋友相伴，我才能够在艰辛的学术研究道路上坚持走下去。

感谢我的学生张靖风、任晶晶、郭娟、李林、袁恒艺、操颖等为本书的出版付出的辛勤劳动。她们跟随我从事课题研究、参与企业调研、整理文献资料、进行数据分析，并在我的指导下完成了与内创业研究相关的毕业论文。我的两位研究生张靖风和任晶晶还参与了第三章、第四章和第七章部分内容的撰写工作。

最后，我要感谢我的家人。他们一直默默支持着我，让我从繁重的家务中解脱出来，能够专心致志、心无旁骛地投入学术研究。假期中，我经常坐在电脑前看文献、写论文，缺少对家人的陪伴，我的内心深感遗憾和歉疚。我要特别感谢我的女儿致言，她的成长不仅给我带来无穷的前行动力，也为我枯燥的科研工作带来了一抹亮色，给我的生活带来了欢笑与感动。

科学研究是生动有趣的，也是枯燥寂寞的。一路走来，有志同道合的研究伙伴，有关怀支持我的家人，我感觉自己非常幸运。希望今后我能在学术研究的路上走得更远。

朱晓妹

北京芍药居

2021 年 3 月 9 日